lonely planet

BANGKOK

EN QUELQUES JOURS

Austin Bush

Sommaire

Préparer son séjour

Wat Arun (p. 40)
ARINCHAWIT JIT/SHUTTERSTOCK ©

Explorer Bangkok 28

Vaut le détour

Carnet pratique 168

Coups de projecteur

Bienvenue à Bangkok

Pendant des décennies, la capitale thaïlandaise ne fut guère plus qu'une étape obligatoire sur la route des îles. Mais la Bangkok d'aujourd'hui constitue une destination à part entière. Aucune capitale au monde ne se montre aussi audacieuse en matière de gastronomie. Quant aux vieux quartiers de Bangkok, ils ont su conserver l'authenticité, le charme et le caractère du passé.

Wat Phra Kaew, le temple abritant le Bouddha d'Émeraude (p. 32)
MIKI STUDIO/SHUTTERSTOCK

Les incontournables

Maison de Jim Thompson

La plus célèbre résidence de Bangkok. p. 96

ARTAPARTMENT/SHUTTERSTOCK ©

Marché du week-end de Chatuchak

Le marché le plus impressionnant de la capitale. **p. 160**

Wat Phra Kaew et Grand Palais

Une enclave sacrée. **p. 32**

PRASIT CHANSAREEKORN/GETTY IMAGES ©

Wat Arun

Au bord du fleuve, le temple le plus célèbre de la capitale. p. 40

NOOMNA NAKHONPHANOM/SHUTTERSTOCK ©

À GAUCHE : E X P O S E/SHUTTERSTOCK © ; CI-CONTRE : COWARDLION/SHUTTERSTOCK ©

Wat Traimit

La demeure du Bouddha d'Or. p. 78

Ayuthaya

Une excursion d'une journée dans la Thaïlande antique. p. 166

Parc du palais Dusit

Un palais de conte de fées. **p. 74**

Ko Kret

Escapade sur une île depuis Bangkok. **p. 164**

Wat Pho

Le plus grand bouddha couché de Bangkok. **p. 36**

Se restaurer

C'est à Bangkok que la vénération des Thaïlandais pour la nourriture est la plus frappante. Pour un étranger, la vie d'un habitant de la capitale semble être un enchaînement de repas et d'en-cas parfois interrompu par des moments de travail, et non l'inverse. Si votre horloge interne parvient à s'adapter à ce rythme, vous n'avez pas fini de vous régaler.

Cuisine de rue

Les marchés en plein air et les étals de rue sont très prisés des Thaïlandais. Le matin, les étals vendant café et beignets chinois fleurissent à tous les coins de rue. Au déjeuner, on peut prendre place sur une chaise en plastique pour déguster un sauté. En périphérie, les marchés nocturnes accueillent des stands de nourriture.

Cuisine gastronomique

Si la cuisine de rue tient le haut du pavé dans la capitale, la scène gastronomique se diversifie et compte quantité d'établissements raffinés proposant aussi bien de la cuisine française, voire fusion, que thaïlandaise. Et les grandes tables de Bangkok sont moins guindées qu'en Occident.

Cuisines du monde

La cuisine contemporaine de la capitale dépasse largement le cadre de la Thaïlande, menant les gourmets de la Corée à l'Égypte.

La meilleure cuisine de rue

Jay Fai Parmi les meilleures nouilles – et les plus chères – de la ville. (p. 63)

Pa Aew Stand spécialisé dans les recettes typiques de Bangkok. (p. 49)

Étals de produits de la mer de Th Phadungdao Ces étals sont si proches de la chaussée que l'on risque de se faire renverser par une voiture. (p. 89)

Khun Yah Cuisine Un emplacement pratique où goûter les saveurs de Bangkok et du centre de la Thaïlande. (p. 87)

DESIGN PICS/RAY LASKOWITZ/GETTY IMAGES ©

La meilleure cuisine gastronomique

nahm Largement considéré comme le meilleur restaurant d'Asie du Sud-Est. (p. 125)

Eat Me Cuisine moderne éclectique, voire excentrique, assortie d'un service impeccable. (p. 125)

Appla Cuisine italienne divine et accueil chaleureux. (p. 147)

Sra Bua by Kiin Kiin Une cuisine moderne et créative qui porte à un niveau supérieur les saveurs thaïlandaises, la qualité des ingrédients et la présentation. (p. 107)

Le Normandie Mettez-vous sur votre trente et un pour un dîner façon vieux continent. (p. 129)

Les meilleures cuisines du monde

Jidori Cuisine Ken Brochettes de poulet grillées au feu de bois avec une précision toute japonaise. (p. 146)

Tonkin-Annam L'une des meilleures tables vietnamiennes de Bangkok. (p. 49)

Fou de Joie Cuisine française et cadre rétro. (p. 87)

Shoshana Un petit goût d'Israël, fort apprécié des voyageurs depuis plus de 30 ans. (p. 63)

Din Tai Fung Chaîne taïwanaise réputée. Spécialité : les *xiao long bao*, des raviolis farcis. (p. 104)

Chennai Kitchen Les meilleures spécialités du sud de l'Inde. (p. 128)

Nasir Al-Masri Spécialités authentiques au cœur du quartier moyen-oriental de Bangkok. (p. 149)

Sites Internet pour gourmets

Dernières ouvertures de restaurants étrangers à la rubrique Restaurants de **BK** (bk.asia-city.com/restaurants) ou de **Bangkok 101** (www. bangkok101.com).

Shopping

Préparez vos bahts et votre carte bancaire : le shopping est une affaire sérieuse à Bangkok, où l'on trouve marchands, colporteurs et étals improvisés à tous les coins de rue. La capitale compte aussi certains des plus grands marchés en plein air du monde, ainsi que le deuxième plus vaste centre commercial d'Asie du Sud-Est.

Centres commerciaux et marchés

Les centres commerciaux haut de gamme de Bangkok ne soutiennent pas la comparaison avec ceux de Singapour ou de Hong Kong ; c'est sur les marchés en plein air que l'on trouve les meilleures affaires et les articles les plus originaux.

Marchandage

Sur les marchés de Bangkok et dans certains centres commerciaux, le marchandage est de mise. Mais le prix d'un article étiqueté est généralement fixe et ne peut être discuté.

Bijoux et pierres précieuses

N'achetez pas de pierres non serties en Thaïlande. Nombre de touristes se laissent entraîner dans une boutique par un sympathique inconnu qui les incite à y acheter des pierres précieuses en gros, en leur promettant une revente le double dans leur pays. Les victimes de ce type d'arnaque se retrouvent avec des éclats de verre sans valeur.

Les meilleurs centres commerciaux

Siam Discovery Récemment rénové, c'est le centre commercial le plus design de la capitale. (p. 111)

MBK Center Immense marché asiatique dans un centre commercial. (p. 111)

Siam Center Le troisième étage est l'un des meilleurs endroits pour découvrir des marques locales. (p. 112)

Les meilleurs marchés

Marché du week-end de Chatuchak Un des plus grands marchés du monde et une curiosité incontournable de Bangkok. (p. 160)

NENG TIEO/SHUTTERSTOCK ©

Marché de Th Khao San Pantalons à motifs, T-shirts Singha, jus d'orange frais : le paradis des baroudeurs. (p. 72)

Pak Khlong Talat Explorez ce célèbre marché aux fleurs tard dans la nuit avec votre appareil photo. (p. 85)

Talat Mai Exubérant marché alimentaire au petit goût de Chine. (p. 84)

Les meilleures boutiques de souvenirs traditionnels

Heritage Craft Objets uniques provenant des quatre coins du pays. (p. 72)

Lofty Bamboo Vêtements et artisanat inspirés des ethnies montagnardes. (p. 73)

Tamnan Mingmuang Élégants objets tissés en rotin et jacinthes d'eau. (p. 136)

Les meilleures boutiques de souvenirs originaux

The Selected Articles de décoration, vêtements et accessoires majoritairement d'origine thaïlandaise. (p. 110)

Mowaan Pastilles pour la gorge, huiles et baumes de la médecine traditionnelle thaïlandaise. (p. 72)

it's going green Objets de style thaïlandais rétro pour des souvenirs uniques. (p. 110)

Objects of Desire Store Céramiques, mobilier, articles de papeterie et de décoration très design. (p. 110)

Chiang Heng Boutique familiale d'articles de cuisine. (p. 137)

Conseils pour le shopping en ligne

Nancy Chandler's Map of Bangkok (www.nancychandler.net) est un guide en ligne haut en couleur, qui met en avant les adresses originales introuvables sur les cartes touristiques.

Prendre un verre et faire la fête

Détrompez-vous si vous pensiez que les établissements nocturnes de Bangkok comportent forcément l'expression "go-go". Comme dans toutes les métropoles internationales, la gamme des bars et clubs s'étend du plus crasseux au plus chic, avec toutes les nuances possibles entre les deux.

Cocktails

Le *Blue Kamikaze* n'est plus seul maître à bord à Bangkok. Aujourd'hui, la capitale accueille de plus en plus de bars fiers de mixer les classiques, voire d'inventer de nouveaux breuvages.

Bières

Si les bières d'origine thaïlandaise dominent encore le marché, des marques du monde entier sont désormais disponibles à Bangkok (à des prix assez élevés toutefois).

Bars sur les toits

À Bangkok, il est tout à fait commun de se rendre dans un bar ou un restaurant au sommet d'un gratte-ciel. Du plus modeste au plus chic, ces établissements jouissent tous d'une vue imprenable sur la ville ou ses alentours.

Musique live

La musique est un ingrédient essentiel des nuits de Bangkok, où quasiment tous les bars dignes de ce nom se targuent d'un groupe en résidence.

Clubs

Certains soirs, les clubs de Bangkok sont survoltés : les vendredi et samedi, lors des passages de DJ étrangers ou de soirées consacrées à un genre musical. Le reste du temps, l'ambiance est bien plus calme.

Les meilleurs bars à cocktails

WTF Les classiques réalisés à la perfection. (p. 150)

Q&A Bar Des mixtures sophistiquées dans une ambiance années 1950. (p. 150)

Ku Bar Des cocktails raffinés dans un lieu qui l'est encore plus. (p. 68)

SHANTI HESSE/SHUTTERSTOCK ©

Les meilleurs bars à bières

Hair of the Dog Un grand choix de bouteilles du monde entier et 13 pressions. (p. 108)

Pijiu Bar Bières artisanales et plateaux de charcuterie aux saveurs de Chinatown. (p. 90)

Mikkeller Certaines des bières artisanales les plus singulières de la ville. (p. 152)

Les meilleurs bars sur les toits

Moon Bar Ambiance décontractée et vue époustouflante. (p. 130)

River Vibe Prix doux et vues grandioses. (p. 91)

Sky Bar Entrée somptueuse et bar semblant flotter dans le ciel. (p. 131)

La meilleure musique live

Titanium Concerts tous les soirs du groupe féminin Unicorn, dont les rythmes endiablés invitent à danser. (p. 156)

Brick Bar Petite salle de concerts légendaire pour la population locale. (p. 70)

The Living Room Concerts de jazz dans un cadre confortable. (p. 155)

Les meilleurs clubs

Beam Lors de notre passage, le meilleur club de Bangkok. (p. 153)

Glow Un club à l'ambiance *underground*. (p. 155)

Demo Le rendez-vous de la jeunesse branchée. (p. 155)

The Club Dansez avec des fêtards des quatre coins du monde dans cette discothèque de Th Khao San. (p. 68)

Guides des nuits de Bangkok

Pour savoir où ça se passe, consultez **BK** (bk.asia-city.com), **Bangkok 101** (www.bangkok101.com), le supplément du vendredi du *Bangkok Post*'s, *Guru* ou **Siam2nite** (www.siam2nite.com)

Temples

IPHOTO-THAILAND/SHUTTERSTOCK ©

Un temple thaïlandais (wat) est un ensemble de bâtiments remplissant chacun une fonction religieuse précise. Les wat de Bangkok méritent une visite, ne serait-ce que sur un plan artistique ou pour faire le plein de sérénité au milieu de l'ébullition urbaine.

Architecture thaïlandaise

Considérée comme la plus haute forme de l'art, l'architecture traditionnelle des temples répond à des règles strictes en matière de situation, de proportions, de matériaux et d'ornementation. En dehors du style siamois, l'intérieur des temples de Bangkok renferme aussi des exemples issus des traditions khmère, môn, lao et du nord de la Thaïlande.

Représentations du Bouddha

Chaque *wat* de Bangkok abrite une représentation du Bouddha, la plupart du temps sculptée selon des règles iconographiques strictes, énoncées dans des écrits bouddhiques du IIIe siècle. Les quatre positions de base sont : debout, assis, marchant et allongé.

Les plus beaux temples

Wat Pho Quiconque n'a pas vu le gigantesque bouddha couché de ce temple n'a pas vu Bangkok. (p. 36)

Wat Phra Kaew L'ancêtre des temples de Bangkok abrite le Bouddha d'Émeraude. (p. 32)

Wat Suthat Abrite un des plus gros bouddhas de Thaïlande et des fresques murales du sol au plafond tout aussi impressionnantes. (p. 58)

Wat Traimit Le temple du plus grand bouddha en or du monde. (p. 78)

Wat Arun Antérieur à Bangkok, c'est un des rares temples thaïlandais qu'il est possible d'escalader. (p. 40)

Mont d'Or et Wat Saket Temple accroché en haut d'une colline jouissant d'une vue imprenable sur le vieux Bangkok. (p. 58)

Wat Mangkon Kamalawat L'exemple type du temple chinois bondé, enfumé et bruyant. (p. 84)

Cours de cuisine

AUSTIN BUSH/LONELY PLANET ©

Goûter toutes les délices que Bangkok peut offrir est une chose, mais imaginez votre plaisir à préparer les mêmes plats pour vos amis une fois rentré de voyage. La visite d'une école de cuisine est devenue une étape incontournable de nombreux circuits dans la capitale, et pour certains visiteurs, il s'agit même du point d'orgue de leur séjour.

Les meilleurs cours de cuisine

Amita Thai Cooking Class (02 466 8966 ; www.amitathaicooking.com ; 162/17 Soi 14, Th Wutthakat, Thonburi ; cours 3 000 B ; 9h30-13h jeu-mar ; *klorng*-taxi depuis Maharaj Pier). L'une des plus charmantes écoles de cuisine de Bangkok est installée dans cette maison au bord du canal, à Thonburi.

Cooking with Poo & Friends (080 434 8686 ; www.cookingwithpoo.com ; cours 1 500 B ; 8h30-13h ;). Le gérant de cet établissement très couru est natif de Bangkok. (p. 147)

Bangkok Bold Cooking Studio (098 829 4310 ; www.facebook.com/bangkokboldcookingstudio ; 503 Th Phra Sumen ; cours 2 500-4 500 B ; 11h-14h ; *klorng*-taxi jusqu'à Phanfa Leelard Pier). Dispensés dans une maison de négoce très chic, les cours quotidiens (niveau débutant à intermédiaire) permettent de réaliser 3 recettes thaïlandaises.

Silom Thai Cooking School (084 726 5669 ; www.bangkokthaicooking.com ; 68 Soi 13, Th Silom ; cours à partir de 900 B ; cours 9h-12h20, 13h40-17h et 18h-21h ; S Chong Nonsi sortie 3). Cette école propose une visite du marché local et la réalisation de 6 recettes en 4 heures, soit un excellent rapport qualité/prix.

Blue Elephant Thai Cooking School (02 673 9353 ; www.blueelephantcookingschool.com ; 233 Th Sathon Tai/South ; cours à partir de 3 295 B ; cours 8h45-13h et 13h30-16h30 lun-sam ; S Surasak sortie 2). L'école de cuisine la plus chic de Bangkok. Le cours du matin comprend une visite de marché, celui de l'après-midi une introduction détaillée aux ingrédients du pays.

Massages et spas

Bangkok est une candidate sérieuse au titre de capitale mondiale du massage. La médecine traditionnelle thaïlandaise considère même les herbes et les massages comme indispensables à une bonne hygiène de vie, et pas seulement comme un moment de détente ainsi que de nombreux visiteurs le pensent.

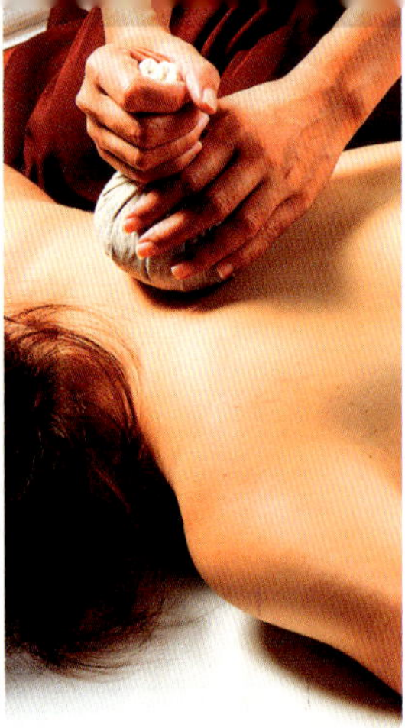

AKAPHON/SHUTTERSTOCK ©

Les meilleurs massages thaïlandais

Health Land (02 637 8883 ; www.healthlandspa.com ; 120 Th Sathon Neua/North ; massage 2 heures 600 B ; 9h-23h ; S Surasak sortie 3). Massage traditionnel thaïlandais dans un cadre propre et moderne. (p. 122)

Asia Herb Association (02 392 3631 ; www.asiaherbassociation.com ; 58/19-25 Soi 55/Thong Lor, Th Sukhumvit ; massage thaïlandais 500 B/heure, massage avec compresse d'herbes 1100 B/1 heure 30 ; 9h-minuit ; S Thong Lo sortie 3). Spécialiste des massages avec compresses d'herbes. (p. 154)

Ruen-Nuad Massage Studio (02 632 2662 ; 42 Th Convent ; massage 350 B/heure ; 10h-21h ; M Si Lom sortie 2, S Sala Daeng sortie 2). Charmant cadre thaïlandais traditionnel. (p. 122)

Les meilleurs spas

Oriental Spa (02 659 9000 ; www.mandarinoriental.com ; Mandarin Oriental, 48 Soi 40/Oriental, Th Charoen Krung ; massage et forfait spa à partir de 2 900 B ; 9h-22h ; Oriental Pier ou bateau-navette de l'hôtel depuis Sathon/Central Pier). L'un des spas les plus renommés de Bangkok – voire d'Asie –, mais dont l'entrée n'est pas donnée.

Spa 1930 (02 254 8606 ; www.spa1930.com ; 42 Th Ton Son ; massage thaïlandais à partir de 1 000 B, forfait spa à partir de 3 500 B ; 9h30-21h30 ; S Chit Lom sortie 4). Spa douillet dans une maison ancienne.

Thann Sanctuary (02 658 6557 ; www.thannsanctuaryspa.info ; 2 ét, CentralWorld, Th Ratchadamri ; massage thaïlandais à partir de 2 000 B, soins au spa à partir de 2 800 B ; 10h-21h ; S Chit Lom sortie 9 jusqu'au Sky Walk, Siam sortie 6 vers Sky Walk). Spa raffiné installé dans un centre commercial et utilisant la marque de produits à base d'herbes du même nom.

Avec des enfants

KOKTARO/SHUTTERSTOCK ©

Il n'y a que relativement peu de sites spécialement prévus pour les plus jeunes à Bangkok, mais la majorité des habitants adorent les enfants. Les voyageurs en herbe sont bienvenus quasiment partout, et généralement avec le sourire.

Bébés

Les produits de puériculture de base sont disponibles presque partout. Les porte-bébés sont mieux adaptés que les poussettes, les trottoirs de Bangkok étant très cahoteux.

Au restaurant avec des enfants

Le personnel des restaurants est aux petits soins avec les enfants, n'hésitant pas à jouer avec eux. Notez cependant que les chaises hautes sont rares, sauf dans certains établissements chics.

Les meilleures activités pour enfants

KidZania (02 683 1888 ; www.bangkok.kidzania.com ; 5 ét, Siam Paragon, 991/1 Rama I ; adulte 425-500 B, enfant 425-1000 B ; 10h-17h lun-ven, 10h30-20h sam-dim ; ; S Siam sorties 3 et 5). Cité des enfants où apprendre en s'amusant.

Parc Lumphini (สวนลุมพินี ; bordé par Th Sarasin, Rama IV, Th Witthayu/Wireless Rd et Th Ratchadamri ; 4h30-21h ; ; M Lumphini sortie 3, Si Lom sortie 1, S Sala Daeng sortie 3, Ratchadamri sortie 2). Pour faire du cerf-volant, du bateau, ou pour nourrir les poissons. (p. 122)

Queen Saovabha Memorial Institute (สถานเสาวภา, angle Rama IV et Th Henri Dunant ; adulte/enfant 200/50 B ; 9h30-15h30 lun-ven, 9h30-13h sam-dim ; ; M Si Lom sortie 1, S Sala Daeng sortie 3). Ferme de serpents produisant de l'antivenin. (p. 123)

Musée du Siam (สถาบันพิพิธภัณฑ์การเรียนรู้แห่งชาติ ; www.museumsiam.org ; Th Maha Rat ; 300 B ; 10h-18h mar-dim ; ; Tien Pier). Animations interactives qui séduiront les plus jeunes. (p. 45)

Stanley MiniVenture (www.stanleyminiventure.com ; 2 ét, Gateway Ekamai, 982/22 Th Sukhumvit ; adulte/enfant 500/400 B ; 10h-20h ;). Une ville miniature. (p. 145)

Circuits organisés

JELLY_CHANONKIJ/SHUTTERSTOCK ©

Bangkok est une ville immense et intimidante : certains voyageurs apprécient un petit coup de pouce sous la forme d'un circuit organisé. Même si vous avez déjà vos repères dans la capitale, les circuits à thème menés par un guide privé ou les circuits à vélo sont d'excellents moyens de découvrir d'autres facettes de la cité.

Les meilleurs circuits

Bangkok Food Tours (☎095 943 9222 ; www.bangkokfoodtours.com ; circuits à partir de 1150 B). Découvertes culinaires dans le vieux Bangkok.

Co van Kessel Bangkok Tours (☎02 639 7351 ; www.covankessel.com ; rdch, River City, 23 Th Yotha ; circuits à partir de 950 B ; ⏲6h-19h ; ⛴River City Pier). Circuits à thème dans la capitale, à pied ou à vélo.

Pandan Tour (☎02 689 1232, 087 109 8873 ; www.thaicanaltour.com ; circuits à partir de 2 395 B). Promenade en petit bateau sur les canaux de Bangkok.

ABC Amazing Bangkok Cyclists (☎081 812 9641 ; www.realasia.net ; 10/5-7 Soi Ari, Soi 26, Th Sukhumvit ; circuit à partir de 1300 B ; ⏲circuits tlj à 8h, 10h, 13h et 18h ; 👪 ; S Phrom Phong sortie 4). Cet organisme propose des circuits (demi-journée ou journée) pour découvrir Bangkok et ses alentours.

Tour with Tong (☎081 835 0240 ; circuit à partir de 1000 B). Visites privées avec guides dans Bangkok et alentour.

Chili Paste Tours (☎085 143 6779, 094 552 2361 ; www.foodtoursbangkok.com ; circuits à partir de 2 000 B). Circuits culinaires dans les quartiers historiques de Bangkok.

Thai Private Tour Guide (☎082 799 1099 ; www.thaitourguide.com ; circuit à partir de 2 000 B). Ces guides rencontrent de bons échos.

Velo Thailand (☎02 628 8628, 089 201 7782 ; www.velothailand.com ; 29 Soi 4, Th Samsen ; circuits à partir de 1000 B ; ⏲10h-19h ; ⛴Phra Athit/Banglamphu Pier). Circuit à vélo de jour et de nuit jusqu'à Thonburi et au-delà.

Scène gay et lesbienne

Bangkok est réputée pour sa tolérance envers les homosexuels. Les boutiques, les restaurants et les clubs gays et lesbiens fleurissent à tous les coins de rue : on peut passer des jours dans la capitale sans sortir de lieux festifs et accueillants pour les LGBT.

ALEXANDER_H_SCHULZ/GETTY IMAGES ©

Lesbiennes

Ce serait trop dire que parler d'une scène lesbienne à Bangkok, mais il est vrai que depuis quelques années, les lesbiennes y sont beaucoup plus visibles. Il est à noter que, peut-être parce que la Thaïlande est encore un pays relativement conservateur, les lesbiennes de Bangkok suivent une répartition des rôles assez stricte. Ainsi, les lesbiennes "masculines" appelées *tom* ont généralement les cheveux courts, dissimulent leur poitrine et portent des vêtements masculins ; tandis que les lesbiennes "féminines" affichent leur féminité et se font appeler *dêe* (madame).

Transsexuels

Bangkok est célèbre pour ses nombreux transsexuels qu'on appelle ici *gà·teu·i* (ou *kàthoey*). Certains sont des travestis, d'autres ont changé de sexe (la Thaïlande est l'un des premiers pays au monde pour cette opération). Ils fascinent les étrangers par leur allure réellement féminine et les cabarets proposant des spectacles de *gà·teu·i* font recette auprès des touristes.

Les meilleurs lieux LGBT

DJ Station Un des clubs gays les plus légendaires d'Asie. (p. 119)

Telephone Pub Bar de longue date et toujours aussi fréquenté, en plein quartier gay. (p. 119)

Maggie Choo's Le dimanche c'est soirée gay dans ce bar par ailleurs hétéro. (p. 131)

The Stranger Des spectacles transgenres résolument kitsch. (p. 119)

Bangkok en 4 jours

Jour 1

CHANTAL DE BRUIJNE/SHUTTERSTOCK ©

Prenez le plus tôt possible le Chao Phraya Express Boat vers Tha Chang pour découvrir les temples de Ko Ratanakosin : le **Wat Phra Kaew** et le **Grand Palais** (p. 32), le **Wat Pho** (p. 36) et le **Wat Arun** (p. 40). À midi, faites le plein de saveurs thaïlandaises chez **Err** (p. 49).

Gagnez le secteur de Silom et offrez-vous un soin à **Health Land** (p. 122), ou un moment de détente au **Ruen-Nuad Massage Studio** (p. 122), avant de siroter un cocktail sur le toit-terrasse du **Moon Bar** (p. 130).

Destination le restaurant **nahm** (p. 125) pour dîner à l'une des meilleures tables thaïlandaises de Bangkok. Puis rendez-vous à **DJ Station** (p. 119) ou dans tout autre bar ou club du quartier gay de Bangkok (p. 118).

Jour 2

COWARDLION/SHUTTERSTOCK ©

Rejoignez en BTS (Skytrain) la station National Stadium pour visiter la **maison de Jim Thompson** (p. 96), puis une exposition au **Bangkok Art & Culture Centre** (p. 100).

À côté, **MBK Food Island** (p. 103) offre une introduction idéale à la cuisine thaïlandaise. Sillonnez ensuite le quartier ultramoderne du shopping, avec le **MBK Center** (p. 111), le **Siam Center** (p. 112) et **Siam Square** (p. 111), des centres commerciaux reliés les uns aux autres. Au passage, une prière au **sanctuaire Erawan** ne coûte rien (p. 102).

Le soir, délectez-vous de plats thaïlandais raffinés chez **Saneh Jaan** (p. 104), avant d'assister à un match de boxe thaïlandaise au **stade Ratchadamnoen** (p. 70).

Jour 3

AUSTIN BUSH/LONELY PLANET ©

Après un cours à l'**Amita Thai Cooking Class** (p. 17), traversez le fleuve et passez l'après-midi à visiter le **mont d'Or** (p. 58), le **Wat Suthat** (p. 58), le village d'artisans de **Ban Baat** (p. 60) ou les boutiques d'articles religieux de **Th Bamrung Meuang** (p. 72). L'après-midi, direction Th Khao San, une rue vers laquelle convergent tous les voyageurs, pour acheter des souvenirs au **marché de Th Khao San** (p. 72).

À l'heure du dîner, Th Sukhumvit offre un grand choix de restaurants internationaux, comme **Jidori Cuisine Ken** (p. 147). Terminez la soirée avec un cocktail aux influences thaïlandaises dans un bar cosy comme **WTF** (p. 150), ou prolongez les festivités dans un club comme **Beam** (p. 153).

Jour 4

VASSAMON ANANSUKKASEM/SHUTTERSTOCK ©

Le week-end, prévoyez une demi-journée d'emplettes au **marché du week-end de Chatuchak** (p. 160), qui comporte aussi d'innombrables stands de nourriture savoureuse et bon marché. Sinon, optez pour une excursion d'une demi-journée sur l'île artificielle de **Ko Kret** (p. 164), ou d'une journée à **Ayuthaya** (p. 166).

Dans la relative fraîcheur de la fin d'après-midi, prenez le MRT (métro) jusqu'à Chinatown et visitez le **Wat Traimit** (p. 78), demeure du Bouddha d'Or. Puis suivez notre promenade gourmande à Chinatown (p. 80).

Gagnez Banglamphu et commencez la soirée par un cocktail sophistiqué au **Ku Bar** (p. 68), suivi par un concert survolté au **Brick Bar** (p. 70).

Les basiques

Pour en savoir plus, voir le *Carnet pratique* (p. 168)

Langue
Thaï

Monnaie
Baht thaïlandais (B)

Visa
Un visa de 30 jours est délivré à l'arrivée des vols internationaux. Le visa de 60 jours est à demander auprès d'un consulat de Thaïlande avant le départ.

Argent
Les paiements se font pour la plupart en espèces. Les DAB sont répandus, mais une commission de 200 B s'applique pour les retraits avec une carte étrangère. Certaines cartes bancaires sont acceptées dans les établissements haut de gamme.

Téléphone portable
Les réseaux GSM et 4G sont accessibles avec des cartes SIM bon marché.

Heure locale
Asie/Bangkok (GMT/UTC + 7 heures).

Budget quotidien

Moins de 1500 B

Lit en dortoir ou chambre dans une pension sommaire : 150-800 B

Repas sur les stands de rue : 150-300 B

Un ou deux sites majeurs : 500-600 B

Transports publics : 20-100 B

De 1500 à 4000 B

Chambre dans une pension plus confortable ou un hôtel de catégorie moyenne : 800-1500 B

Repas dans la rue et au restaurant : 500-1000 B

La majorité des sites incontournables : 500-1000 B

Transports publics et quelques courses en taxi : 100-300 B

Plus de 4000 B

Chambre dans un hôtel chic : 4000 B

Tables gastronomiques : 1500-3000 B

Visites guidées privées : 1000 B

Taxis : 300-800 B

À prévoir

Trois mois avant Réservez une chambre dans un petit boutique-hôtel, surtout si vous voyagez en décembre-janvier.

Un mois avant Réservez une table au restaurant nahm (p. 125), mondialement connu ; si vous prévoyez de séjourner en Thaïlande plus de 30 jours, déposez une demande de visa à l'ambassade ou au consulat de Thaïlande de votre pays.

Une semaine avant Réservez des cours dans une école de cuisine thaïlandaise.

Arriver à Bangkok

La plupart des voyageurs arrivent à Bangkok par voie aérienne.

Depuis l'aéroport international Suvarnabhumi

À environ 30 minutes à l'est du centre de Bangkok.

Train Airport Rail Link relie la gare de Phaya Thai à Suvarnabhumi, de 6h à minuit, 45 B.

Bus De Suvarnabhumi à Th Khao San, de 6h à 20h, 60 B.

Taxi avec compteur 24h/24, 200-300 B plus supplément aéroport de 50 B et péages éventuels.

Depuis l'aéroport international Don Mueang

À environ 1 heure au nord du centre de Bangkok.

Bus Toutes les 30 minutes de 7h30 à 23h30, 50 B.

Taxi avec compteur 24h/24, prise en charge de 200 B environ et supplément aéroport de 50 B.

Comment circuler

Le système de transport s'améliore, et les embouteillages ne sont plus aussi terribles que par le passé.

BTS (Skytrain)

Le train aérien Skytrain circule de 6h à minuit. Les billets coûtent 16-44 B.

MRT

Le métro circule de 6h à minuit. Les billets coûtent 16-42 B.

Taxi

En dehors des heures de pointe, les taxis sont très économiques. Prise en charge : 35 B.

Chao Phraya Express Boat

Circule de 6h à 20h. Billets : 10-40 B.

Klorng-taxi

Des bateaux circulent sur les canaux de 5h30 à 20h, presque tous les jours. Billets : 9-19 B.

Bus

Économiques mais lents. Se déplacer à leur bord peut virer au casse-tête. Billets : 5-30 B.

SAIKO3P/SHUTTERSTOCK ©

Les quartiers de Bangkok

Banglamphu (p. 52)
Abstraction faite de Th Khao San, ce quartier accueillant de vieilles *shophouses* et des temples reste la quintessence de la Bangkok authentique.

Ko Ratanakosin et Thonburi (p. 30)
Le centre historique de Bangkok réunit, au bord du fleuve, tous les monuments au roi, à la nation et à la religion qui séduisent le plus les touristes.

Chinatown (p. 76)
Ailerons de requins sur les tables, or et jade dans les vitrines et néons clignotants : Chinatown est assurément le quartier le plus trépidant de Bangkok.

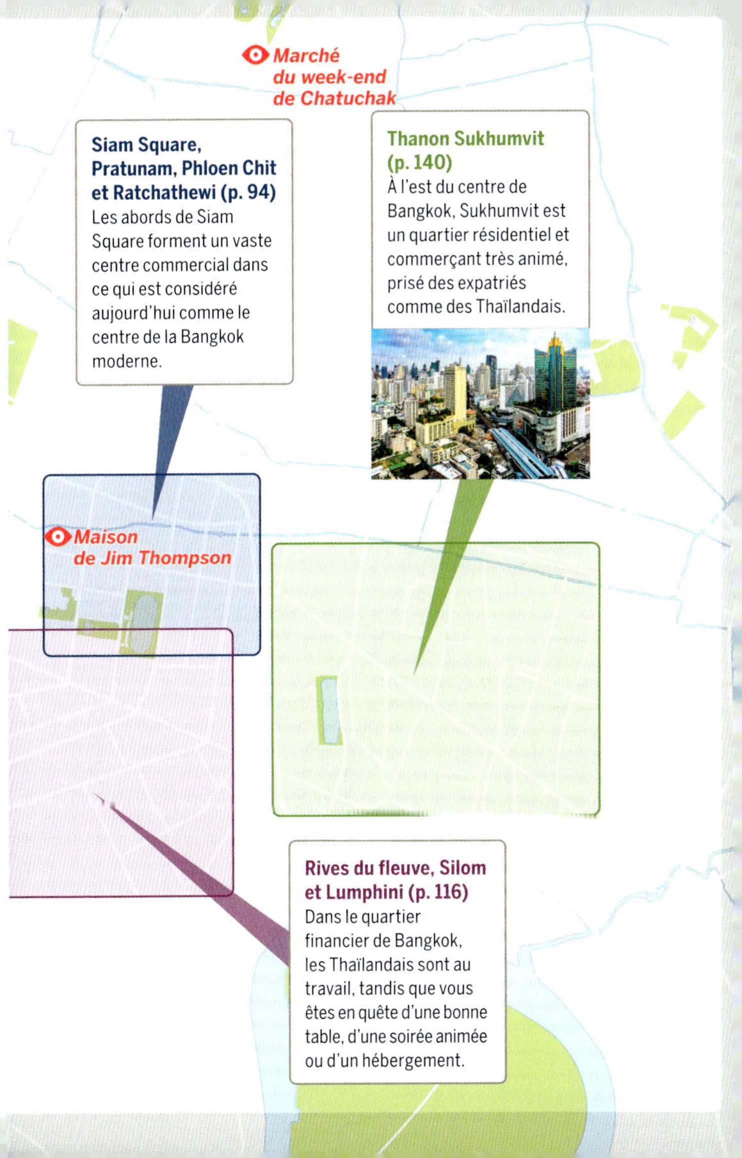

Siam Square, Pratunam, Phloen Chit et Ratchathewi (p. 94)
Les abords de Siam Square forment un vaste centre commercial dans ce qui est considéré aujourd'hui comme le centre de la Bangkok moderne.

Thanon Sukhumvit (p. 140)
À l'est du centre de Bangkok, Sukhumvit est un quartier résidentiel et commerçant très animé, prisé des expatriés comme des Thaïlandais.

Rives du fleuve, Silom et Lumphini (p. 116)
Dans le quartier financier de Bangkok, les Thaïlandais sont au travail, tandis que vous êtes en quête d'une bonne table, d'une soirée animée ou d'un hébergement.

Explorer Bangkok

Vaut le détour

Les plus belles balades

Danseuses, sanctuaire Erawan (p. 102) BOGOSHIPDA/SHUTTERSTOCK ©

Explorer

Ko Ratanakosin et Thonburi

L'île artificielle de Ko Ratanakosin, berceau de la capitale, compte quantité de sites remarquables. Mieux vaut arriver tôt le matin, lorsque la chaleur est encore supportable et les vendeurs à la sauvette peu nombreux, mais la lumière du soir est idéale pour les photographies. Sur l'autre rive du Mae Nam Chao Phraya, Thonburi est un quartier calme, composé de zones résidentielles reliées par des klorng (ou khlong, canaux), qui mérite largement la visite.

Ne manquez pas le Wat Phra Kaew et le Grand Palais (p. 32), ni l'immense Bouddha couché du Wat Pho (p. 37). Parcourez ensuite les passionnantes galeries du musée du Siam (p. 45), puis traversez le fleuve en fin d'après-midi pour découvrir le Wat Arun (p. 40). De retour à Ko Ratanakosin, dégustez un cocktail au Roof (p. 51), avant de dîner au bord du fleuve, par exemple au Sala Rattanakosin Eatery & Bar (p. 51).

Comment y aller et circuler

Ko Ratanakosin est probablement le quartier le plus touristique de Bangkok, mais il suffit d'embarquer sur un ferry à 3 B pour rejoindre Thonburi, de l'autre côté du fleuve, où la vie thaïlandaise ordinaire suit tranquillement son cours.

Chao Phraya Express Boat Pour Ko Ratanakosin : Tien Pier, Chang Pier, Maharaj Pier et Phra Chan Tai Pier. Pour Thonburi : Wang Lang/Siriraj Pier, Thonburi Railway Station Pier et Phra Pin Klao Bridge Pier.

S BTS Pour Ko Ratanakosin : National Stadium ou Phaya Thai. Pour Thonburi : Krung Thonburi et Wongwian Yai.

Carte de Ko Ratanakosin et Thonburi p. 44

Wat Phra Kaew et Grand Palais (p. 32) TRAVEL MANIA/SHUTTERSTOCK ©

Les incontournables

Wat Phra Kaew et Grand Palais

Le Wat Phra Kaew, ou temple du Bouddha d'Émeraude, est un ensemble architectural immense et enchanteur comprenant le Grand Palais, ancienne résidence de la famille royale thaïlandaise. Consacré en 1782, année où Bangkok est devenue capitale, ce site est la principale attraction touristique de la ville, ainsi qu'un lieu de pèlerinage pour les bouddhistes et les nationalistes.

PLAN P. 44, C4

วัดพระแก้ว, พระบรมมหาราชวัง

Th Na Phra Lan

500 B

8h30-15h30

Chang Pier, Maharaj Pier, Phra Chan Tai Pier

Bouddha d'Émeraude

Trônant sur un piédestal au milieu du *bòht* (salle d'ordination) du Wat Phra Kaew, le Bouddha d'Émeraude – taillé dans un bloc de néphrite, un type de jade – constitue l'attrait majeur du temple. Distraits par l'ornementation spectaculaire tant extérieure qu'intérieure, les visiteurs ne sont pas immédiatement subjugués par la statue. Car le Bouddha d'Émeraude, qui ne fait que 66 cm, est posé si haut au-dessus des fidèles dans le bâtiment principal du temple que l'on est davantage frappé par l'écrin doré que par la petite figure qu'il contient.

L'origine de la statuette reste mystérieuse. Elle est mentionnée pour la première fois au XVe siècle à Chiang Rai, une ville du nord de la Thaïlande, mais d'après son style, elle daterait du XIIIe ou du XIVe siècle.

Le *bòht* offre un remarquable exemple de l'école d'architecture Ratanakosin qui réunit des survivances stylistiques d'Ayuthaya avec des touches modernes venues de Chine et d'Occident.

Fresques du *Ramakien*

Peintes sous le règne de Rama Ier (roi Phraphutthayotfa Chulalok ; r. 1782-1809) et restaurées de fraîche date, des fresques retracent le *Ramakien* (la version thaïlandaise du *Ramayana* hindou) sur l'intérieur des murs qui entourent le Wat Phra Kaew. Commençant à la porte nord et se déroulant dans le sens des aiguilles d'une montre, elles racontent en 178 tableaux l'épopée de Rama pour récupérer son épouse Sita, enlevée par le démon Ravana.

Gardiens du Wat Phra Kaew

Impossibles à manquer, à l'entrée du Wat Phra Kaew, les deux *yakcha* (photo ci-contre) de 5 m de haut sont des géants – ou des ogres – , issus de la mythologie hindoue/bouddhique. Les bâtiments renferment d'autres créatures

★ À savoir

- L'accès se fait par la troisième porte, bien indiquée, depuis le débarcadère ; les billets s'achètent à l'intérieur. Quiconque vous annonce que le site est fermé est soit un vendeur de pierres précieuses, soit un filou.
- Une tenue correcte est exigée dans l'enceinte du Wat Phra Kaew et du Grand Palais : si la vôtre est jugée inappropriée, on vous conduira au vestiaire où vous seront remis une chemise ou un sarong (caution de 200 B).
- Le billet inclut l'entrée au parc Dusit.

✕ Une petite pause ?

Allez déjeuner chez Ming Lee (p. 50), charmant restaurant thaïlandais à l'ancienne, pratiquement en face de l'entrée principale du complexe. Autre possibilité : Err (p. 49) propose des cocktails aux saveurs thaïlandaises accompagnés d'en-cas épicés.

mythologiques, tels le *kinnari*, mi-homme mi-oiseau, ou le *garuda*, créature ailée et sacrée.

Phra Mondop

Cet édifice fut construit sur l'ordre de Rama Ier pour accueillir des manuscrits sacrés du bouddhisme : son toit à sept étages, son sol recouvert de nattes d'argent et ses portes incrustées de nacre en font la plus somptueuse des bibliothèques. Le Phra Mondop est fermé au public. Avec son voisin de style khmer, le Prasat Phra Thep Bidon, et le *chedi* (stupa) doré du Phra Si Ratana, il est le plus haut édifice de l'ensemble.

Chakri Mahaprasat

Le Chakri Mahaprasat (ou Grand Palace Hall) est le plus vaste édifice du palais. Achevé en 1882 d'après les plans d'architectes britanniques, il se compose de trois ailes. Sa façade mêlant style Renaissance italienne et tradition architecturale thaïlandaise lui a valu le surnom de *fa·ràng sài chá·dah* (l'Occidental coiffé d'une couronne thaïlandaise). La flèche centrale abrite les cendres des rois de la dynastie Chakri, et les latérales celles des princes n'ayant jamais accédé au trône.

Amarindra Hall

Vaste et presque vide, cet ancien palais de justice est aujourd'hui le théâtre des cérémonies du couronnement, la dernière en date remontant à 2017. Le trône doré, en forme de bateau, impressionne par son opulence...

Borombhiman Hall

Cette ancienne résidence de Rama VI (roi Vajiravudh ; r. 1910-1925), d'inspiration française, fut en 1946 le théâtre de l'assassinat de Rama VIII (roi Ananda Mahidol ; r. 1935-1946), et en avril 1981 le quartier général du coup d'État manqué mené par le général San Chitpatima. Il n'est aujourd'hui visible que depuis ses grilles d'enceinte.

Dusit Hall

À l'extrémité ouest de l'ensemble architectural, cette construction de style Ratanakosin, qui accueillit d'abord les audiences royales, fut ensuite réservée aux obsèques des monarques.

Tenue correcte exigée

Les principaux sites touristiques de Bangkok sont souvent des lieux sacrés où une tenue vestimentaire et un comportement adaptés s'imposent au visiteur. Au Wat Phra Kaew et au Grand Palais en particulier, l'entrée vous sera refusée si vous n'êtes pas suffisamment couvert : short, débardeur et pantacourt sont proscrits – seuls vos bras et votre tête peuvent être découverts. Dans le cas contraire, vous serez certainement mené à un vestiaire où vous seront prêtés une chemise ou un sarong.

Wat Phra Kaew et Grand Palais

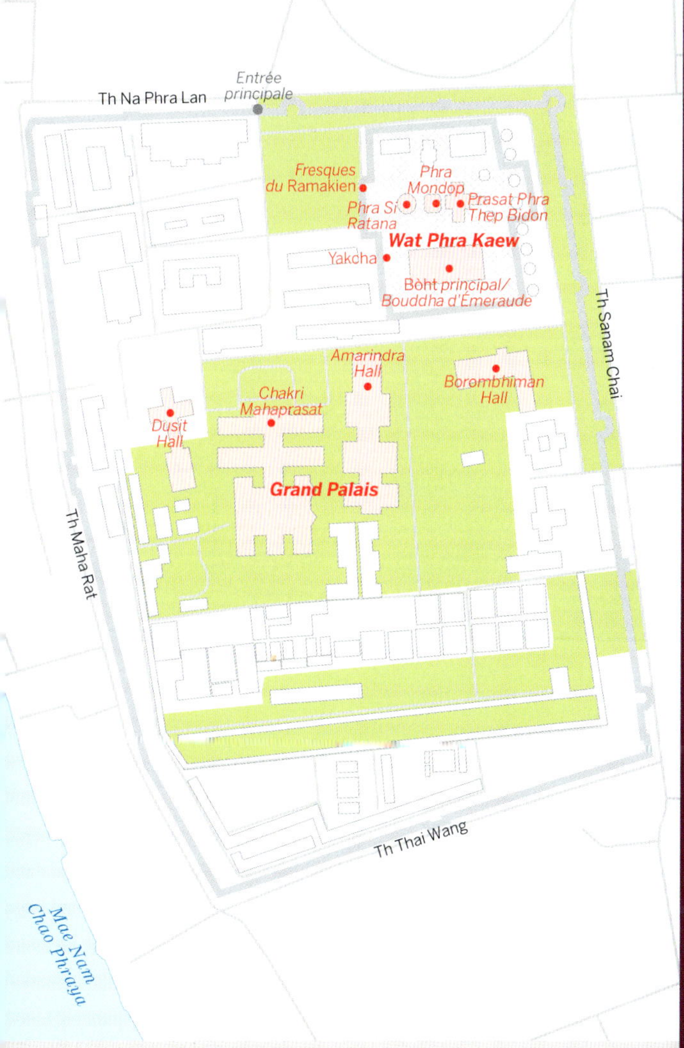

Les incontournables

Wat Pho

S'il est un temple à ne pas manquer à Bangkok, c'est bien le Wat Pho, célèbre pour son remarquable bouddha couché, le plus grand de la capitale. Vaste ensemble constellé de stupas, c'est le plus ancien et le plus grand wat de la ville, qui abrite la plus riche collection de bouddhas de Thaïlande. C'est également le plus ancien centre d'enseignement public du pays.

PLAN P. 44, C5

วัดโพธิ์/วัดพระเชตุพน, Wat Phra Chetuphon

Th Sanam Chai

100 B

8h30-18h30

Tien Pier

Bouddha couché

Située dans le principal *wí·hăhn* (sanctuaire), cette impressionnante statue (photo ci-contre) de 46 m de long et 15 m de haut représente le Bouddha sur son lit de mort juste avant d'atteindre le nivarna. Moulé en plâtre sur une armature de brique et doré à la feuille, ce bouddha couché, achevé en 1848, reste le plus imposant de la capitale. Les incrustations de nacre sur ses pieds représentent les 108 *lák·sà·nà* (signes caractéristiques) de bon augure. Ce chiffre sacré se retrouve dans le nombre de bols à aumône disposés derrière la statue : moyennant 20 B, vous pourrez y jeter 108 piécettes pour vous porter bonheur.

Phra Ubosot

Érigé sous le règne de Rama Ier (roi Phraphutthayotfa Chulalok ; r. 1782-1809) dans l'esprit de l'école d'architecture d'Ayuthaya, le *bòht* doit en réalité son apparence actuelle aux importantes rénovations datant du règne de Rama III (roi Phranangklao ; r. 1824-1851). Il abrite de superbes fresques, ainsi qu'un piédestal à trois niveaux qui contient les cendres de Rama Ier, et sur lequel trône un autre fantastique bouddha, Phra Bouddha Deva Patimakorn, ou bouddha assis.

Autres statues du Bouddha

Les représentations du Bouddha exposées dans les quatre *wí·hăhn* entourant le Phra Ubosot méritent le coup d'œil. Les bouddhas Phra Chinnarat et Phra Chinnasri, installés dans les sanctuaires ouest et sud, sont particulièrement beaux ; tous deux furent sauvés de Sukhothai par des proches de Rama Ier. Les galeries reliant ces quatre constructions recèlent pas moins de 394 bouddhas dorés couvrant pratiquement toutes les écoles d'artisanat traditionnel thaïlandais, de Lopburi à Ko Ratanakosin.

★ À savoir

- Arrivez tôt pour éviter les heures d'affluence et profiter de la (relative) fraîcheur.
- Ne vous contentez pas de contempler le Bouddha, prenez le temps de découvrir les autres trésors moins connus du Wat Pho au milieu de son dédale de cours et de jardins.

✗ Une petite pause ?

- Si vous souhaitez combiner la visite du Wat Pho avec votre pause déjeuner, le stand de restauration en plein air Pa Aew (p. 49) sert de savoureux curries et plats sautés typiques de Bangkok.
- La plupart des nombreux cafés bordant Th Maha Rat sont climatisés.

Inscriptions anciennes

Autour du Phra Ubosot, un muret en marbre est orné de 152 bas-reliefs illustrant des scènes du *Ramakien*, variante thaïe du *Ramayana*. Elles figurent sur les estampes proposées par les vendeurs à la sortie du temple.

Non loin, à l'ouest du Phra Ubosot, un petit pavillon renferme des inscriptions classées par l'Unesco qui détaillent les principes du massage thaïlandais. Ces inscriptions et quelque 2000 autres gravées sur la pierre et portant sur divers domaines de connaissances traditionnelles ont fait du Wat Pho le premier centre d'enseignement du pays.

Chedi royaux

Sur le flanc ouest de l'ensemble architectural, quatre hauts *chedi* recouverts de mosaïques rendent hommage aux quatre premiers rois de la dynastie Chakri. Remarquez leur forme de cloche carrée et leurs angles tous distincts, propres au style Ratanakosin, ainsi que les tuiles aux couleurs du drapeau bouddhique. Celui du milieu, dédié à Rama Ier, abrite le Phra Si Sanphet Dayarn, un bouddha debout, de 16 m de haut, provenant d'Ayuthaya. Le Wat Pho compte aussi 91 *chedi* plus petits qui recèlent les cendres de membres moins illustres de la famille royale.

Wat Pho

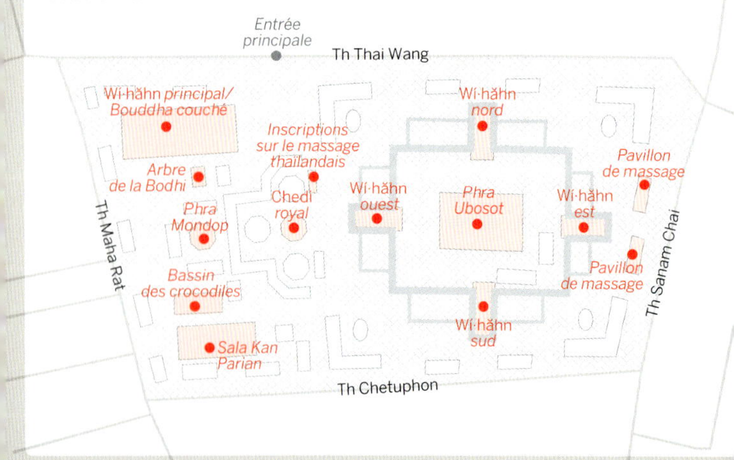

Les géants de granit du Wat Pho

Il n'y a pas que des moines et des touristes dans le Wat Pho : le temple a aussi pour habitants des dizaines de géants et autres personnages taillés dans le granit. Les géants de pierre, arrivés en Thaïlande à bord de jonques chinoises où ils servaient de lest, furent utilisés au Wat Pho (et dans d'autres temples, dont le Wat Suthat, p. 46) pour en garder les entrées et les cours. En les examinant attentivement, vous leur découvrirez des traits chinois. Les géants aux yeux exorbités et vêtus de costumes dignes d'un opéra chinois s'inspirent de guerriers nobles et sont appelés *lan than*. Le personnage coiffé d'un chapeau de paille est un paysan, immortalisé durant sa journée de labeur dans les champs. Et reconnaissez-vous cet homme au chapeau type haut-de-forme, portant une moustache et une barbe soignées ? C'est évidemment Marco Polo, qui introduisit ces modes européennes à la cour de Chine.

Phra Mondop

Aussi appelé *hŏr đrai,* le Phra Mondop, en hauteur, conserve des textes bouddhiques et est gardé par quatre *yakcha*. Selon la légende, c'est une dispute entre les quatre créatures qui conduisit au défrichage de la zone autour de l'actuel Tha Tien. Juste au sud du Phra Mondop, le Crocodile Pond est un étang dépourvu de reptiles.

Sala Kan Parian

Dans l'angle sud-ouest du complexe, le Sala Kan Parian reste l'une des rares constructions antérieures aux importantes rénovations et expansions entreprises sous Rama III de ce qui était alors le Wat Pho Tharam. Construit dans le style d'Ayuthaya, c'était à l'origine le principal *bòht* du *wat* et il abritait la principale statue du Bouddha.

Ensemble architectural

Des petits jardins de rocaille à la chinoise et des îlots de verdure, parfois étonnamment décorés de tableaux de la vie quotidienne, parsèment de zones ombragées les nombreuses cours de l'ensemble. Ne manquez pas la rocaille dédiée à l'ermite Khao Mor, qui aurait inventé le yoga. Juste au sud du principal *wí·hăhn* se trouve un arbre de la Bodhi (*đôn po*) qui aurait poussé à partir d'une bouture de celui sous lequel le Bouddha aurait atteint l'éveil. C'est à lui que le temple doit son nom courant de Wat Pho.

Les incontournables

Wat Arun

Tout en hauteur sur les berges du Mae Nam Chao Phraya, ce temple doit son nom à Aruna, la déesse indienne de l'Aube. C'est en découvrant ici un petit lieu de culte que le roi Taksin, y voyant un bon augure, aurait décidé d'y établir la nouvelle capitale du Siam après la destruction d'Ayuthaya.

PLAN P. 44, B6

วัดอรุณฯ

www.watarun.net

Accès par Th Arun Amarin

50 B

8h-18h

Traversez le fleuve en bateau depuis le Tien Pier

Tour

Pièce maîtresse du Wat Arun, son *prahng*, tour haute de 82 m, fut érigé dans le style khmer dans la première moitié du XIXe siècle par Rama II (roi Phraphutthaloetla Naphalai ; r. 1809-1824). Il faut s'approcher pour mesurer la beauté des mosaïques florales ornant le sommet en forme d'épi de maïs ; ces décors de porcelaine sont typiques du début de la période Ratanakosin, lorsque ce matériau était embarqué en guise de lest par les navires chinois qui faisaient escale à Bangkok. Après plusieurs années de restauration, la flèche est de nouveau accessible au public.

Salle d'ordination

Le principal *bòht* (salle d'ordination) abrite une image du Bouddha qui aurait été dessinée par Rama II lui-même. De belles peintures murales représentent le prince Siddhartha (le Bouddha) qui, sorti de l'enceinte du palais, fait quatre rencontres (un vieillard, un malade, un cadavre et un ermite) qui l'amènent à réfléchir à la destinée humaine et à se détacher de ce monde.

Ensemble architectural

Outre le *prahng* central et le *bòht*, le Wat Arun comprend deux *wí·hăhn* (sanctuaires) et un *hŏr đrai* (bibliothèque d'écrits bouddhiques). Non loin du fleuve se trouvent six *săhlah* (ou *sala*) de style chinois : ces pavillons ouverts, conçus à l'origine pour la relaxation ou l'étude, tendent à se transformer en débarcadères pour les bateaux.

Quartier

De nombreux visiteurs rejoignent le Wat Arun dans le cadre de circuits en *long-tail boat*, mais il est plus simple de prendre le ferry à 3 B qui traverse le fleuve depuis le Tien Pier (de 5h à 21h). Une fois sur la rive du Wat Arun, la balade est agréable dans Th Wang Doem, une rue tranquille bordée de *shophouses* en bois.

★ À savoir

- Une tenue correcte est exigée pour monter sur le Wat Arun. Si vous êtes trop dénudé, vous pouvez louer un sarong (20 B + caution de 100 B).
- Il est conseillé de visiter le Wat Arun en fin d'après-midi, quand le soleil, à l'ouest, illumine sa flèche et le fleuve en arrière-plan.
- Pour une superbe vue sur le temple au coucher du soleil, rendez-vous dans les entrepôts bordant Th Maha Rat – sachez que les habitants vous demanderont peut-être un "droit d'accès" de 20 B.

✕ Une petite pause ?

- Le Tonkin-Annam (p. 49) est un excellent restaurant vietnamien, situé juste de l'autre côté du fleuve.
- Installés sur des toits, les bars Roof et Amorosa (p. 51) bénéficient de superbes vues sur le temple, particulièrement au crépuscule.

Aux origines de Bangkok

La plupart des sites incontournables de la capitale sont regroupés dans Ko Ratanakosin, l'ancien quartier royal. Cet itinéraire passe par chacun d'entre eux, ainsi que par quelques sites moins connus. Nous vous conseillons de commencer la promenade tôt le matin. Enfilez une tenue appropriée à la visite des temples, et ignorez poliment mais fermement les inconnus vous prodiguant des conseils de visites ou de shopping.

La promenade

Départ Chang Pier

Arrivée Wat Arun

Distance 4 km

Durée 3-4 heures

❶ Université de Silpakorn

Depuis le Chang Pier, suivez Th Na Phra Lan vers l'est et remarquez en chemin cette institution, la principale **université d'art** de Thaïlande.

❷ Wat Phra Kaew et Grand Palais

Continuez vers l'est jusqu'à l'entrée principale du fameux **Wat Phra Kaew** et du **Grand Palais** (p. 32).

❸ Trok Tha Wang

Revenez sur vos pas jusqu'à Th Maha Rat et poursuivez vers le nord, parmi les apothicaires et les vendeurs d'amulettes. Juste après un kiosque à journaux assiégé par les chats (vous le repérerez à l'odeur), tournez à gauche dans **Trok Tha Wang**, allée étroite révélant un quartier bien caché, typique de Bangkok.

❹ Wat Mahathat

De retour dans Th Maha Rat, poursuivez vers le nord. Sur votre droite se trouve le **Wat Mahathat**, l'une des universités bouddhiques les plus respectées de Thaïlande.

❺ Marché des Amulettes

De l'autre côté de la rue, engagez-vous sur la gauche dans le Trok Mahathat, souvent bondé, pour découvrir le **marché des Amulettes** (p. 51). Longez ensuite la rivière vers le nord ; les stands de restauration remplacent peu à peu les vendeurs de talismans.

❻ Université de Thammasat

Si vous croisez de plus en plus d'uniformes noir et blanc, c'est que vous approchez de l'**université de Thammasat**, particulièrement réputée pour ses départements de droit et de sciences politiques.

❼ Sanam Luang

Prenez la sortie donnant sur Th Phra Chan, puis traversez Th Maha Rat et continuez vers l'est jusqu'à la **Sanam Luang**, "place royale".

❽ Lak Meuang

Traversez la place et empruntez Th Ratchadamnoen Nai en direction du sud jusqu'au **Lak Meuang**, qui incarne l'esprit de la ville de Bangkok.

❾ Wat Pho

Poursuivez dans Th Sanam Chai vers le sud, puis à droite dans Th Thai Wang jusqu'à l'entrée du **Wat Pho** (p. 36), qui renferme un immense bouddha couché.

❿ Wat Arun

S'il vous reste du courage, prenez à Tha Tien un ferry qui vous fera traverser le fleuve jusqu'au **Wat Arun** (p. 40), l'un des rares temples bouddhiques au sommet duquel on peut grimper.

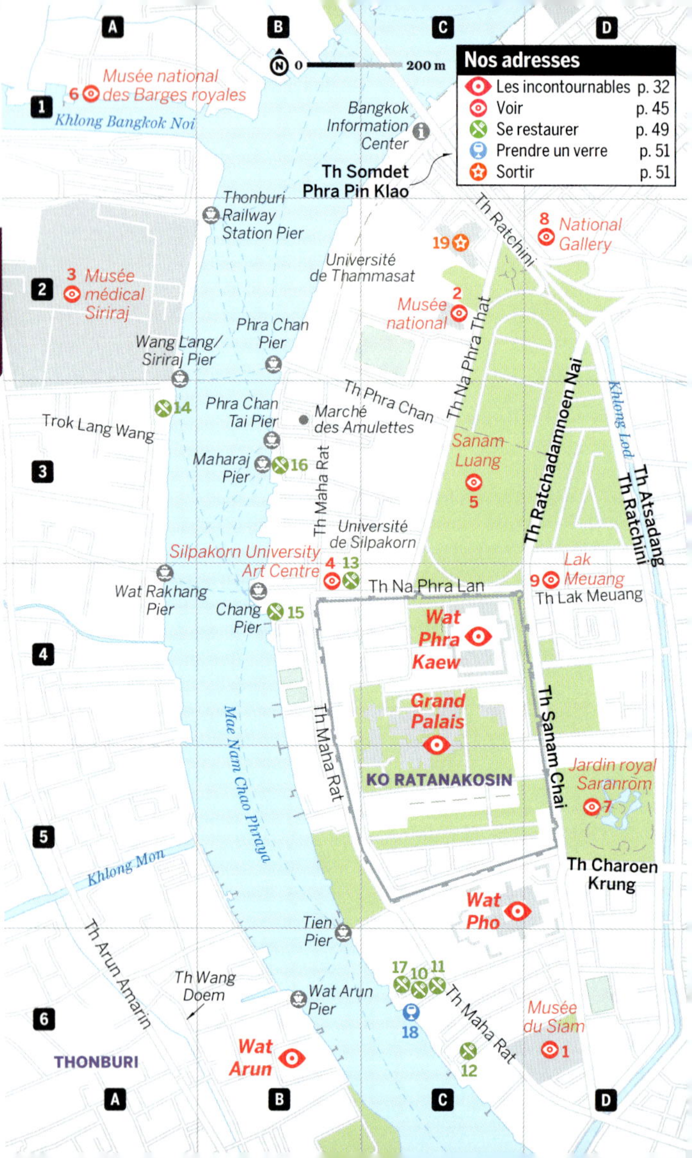
A
B
C
D
1
2
3
4
5
6
0
200 m
Nos adresses
Les incontournables p. 32
Voir p. 45
Se restaurer p. 49
Prendre un verre p. 51
Sortir p. 51
6 Musée national des Barges royales
Khlong Bangkok Noi
Bangkok Information Center
Th Somdet Phra Pin Klao
Thonburi Railway Station Pier
Th Ratchini
8 National Gallery
19
Université de Thammasat
3 Musée médical Siriraj
2 Musée national
Th Na Phra That
Phra Chan Pier
Wang Lang/ Siriraj Pier
Th Ratchadamnoen Nai
Khlong Lod
14
Phra Chan Tai Pier
Th Phra Chan
Marché des Amulettes
Trok Lang Wang
Sanam Luang
5
Maharaj Pier
16
Th Maha Rat
Th Atsadang
Th Ratchini
Université de Silpakorn
Silpakorn University Art Centre
4 13
Lak Meuang 9
Th Na Phra Lan
Th Lak Meuang
Wat Rakhang Pier
Chang Pier
15
Wat Phra Kaew
Grand Palais
Mae Nam Chao Phraya
Th Maha Rat
Th Sanam Chai
Jardin royal Saranrom 7
KO RATANAKOSIN
Khlong Mon
Th Charoen Krung
Wat Pho
Tien Pier
Th Arun Amarin
17 10 11
Th Wang Doem
Wat Arun Pier
18
Th Maha Rat
Musée du Siam 1
12
THONBURI
Wat Arun

Voir

Musée du Siam MUSÉE

1 PLAN P. 44, D6

Ce musée était fermé pour rénovation lors de notre passage. Installé dans un édifice de style européen du XIXe siècle, il présente de façon divertissante les origines et la culture du peuple thaï ; sa muséographie très attrayante, interactive et multimédia, détonne dans le paysage muséal national. (สถาบันพิพิธภัณฑ์การเรียนรู้แห่งชาติ ; Th Maha Rat ; 300 B ; 10h-18h mar-dim ; ; Tien Pier)

Musée national MUSÉE

2 PLAN P. 44, C2

Souvent présenté comme le plus grand musée d'Asie du Sud-Est, le Musée national renferme une collection impressionnante, bien qu'un peu poussiéreuse. Nous vous recommandons vivement l'une des **visites guidées** (9h30 mer-jeu) gratuites. Le musée occupe un ensemble architectural érigé en 1782, destiné à accueillir la résidence du vice-roi de Rama Ier. Rama V (roi Chulalongkorn ; r. 1868-1910) en fit un musée dès 1874. Le musée actuel compte 3 expositions permanentes qui sont réparties dans plusieurs galeries. Certaines d'entre elles étaient fermées pour rénovation lors de nos recherches. (พิพิธภัณฑสถานแห่งชาติ ; 4 Th Na Phra That ; 200 B ; 9h-16h mer-dim ; Chang Pier, Maharaj Pier, Phra Chan Tai Pier)

Char royal, Musée national

Musée médical Siriraj

MUSÉE

3 PLAN P. 44, A2

Organes divers, armes ayant servi à commettre des assassinats et autres preuves de scènes de crime constituent le fonds de cet ensemble de musées dédiés à l'anatomie, aux pathologies et à la science médico-légale. On l'appelle communément le "musée de la Mort"... Pour y accéder, empruntez le ferry au Chang Pier et descendez à l'arrêt Wang Lang/Siriraj Pier à Thonburi ; prenez ensuite à droite (vers le nord) pour entrer dans l'hôpital et suivez les panneaux verts "Museum". (พิพิธภัณฑ์นิติเวชศาสตร์สงกรานต์นิยมเสน ; 2e ét, Adulyadejvikrom Bldg, Siriraj Hospital ; 200 B ; 10h-16h mer-lun ; Wang Lang/Siriraj Pier, Thonburi Railway Station Pier)

Silpakorn University Art Centre

GALERIE D'ART

4 PLAN P. 44, B4

Cette galerie située au sein de la plus prestigieuse école d'art du pays, dans l'**université de Silpakorn** (มหาวิทยาลัยศิลปากร ; www.su.ac.th ; 31 Th Na Phra Lan ; Chang Pier, Maharaj Pier, Phra Chan Tai Pier), présente les œuvres des professeurs et des étudiants. Comprend un café et une boutique d'art. (หอศิลป์มหาวิทยาลัยศิลปากร ; www.facebook.com/ArtCentre.SilpakornUniversity ; entrée libre ; 9h-19h lun-ven, 9h-16h sam)

Sanam Luang

PARC

5 PLAN P. 44, C3

La Sanam Luang ("place royale") n'a rien de charmant : cette vaste étendue de béton et d'herbes mourantes sans une parcelle d'ombre est peuplée de sans-abri et de hordes de pigeons. Malgré son apparence peu reluisante, elle accueille les grandes cérémonies royales depuis la fondation de Bangkok. (สนามหลวง ; entre Th Na Phra That, Th Ratchadamnoen Nai et Th Na Phra Lan ; lever-coucher du soleil ; Chang Pier, Maharaj Pier, Phra Chan Tai Pier)

Musée national des Barges royales

MUSÉE

6 PLAN P. 44, A1

Ces fines barges royales richement sculptées servent pour de grandes processions lors de cérémonies. Cette tradition remonte à la période d'Ayuthaya, quand les déplacements se faisaient principalement par le fleuve. Entre 2 sorties, les barges sont exposées dans ce musée de Thonburi. Le plus pratique pour y accéder est de prendre un moto-taxi au Phra Pin Klao Bridge Pier (demandez au conducteur de vous emmener à *reu·a prá têe nâng*). Le musée peut aussi se visiter dans le cadre d'une excursion en *long-tail boat* sur les canaux de Thonburi. (พิพิธภัณฑสถานแห่งชาติเรือพระราชพิธี/เรือพระที่นั่ง ; Khlong Bangkok Noi ou 80/1 Th Arun Amarin ; 100 B, supp app photo 100 B ; 9h-17h ; Phra Pin Klao Bridge Pier)

Comprendre les *wat* de Bangkok

Bangkok possède des centaines de *wat*, temples-monastères traditionnellement au cœur de la vie sociale.

Bâtiments et structures

Même le plus petit des *wat* est généralement constitué d'un *bòht*, d'un *wí·hahn* et de logements destinés aux moines.

Bòht Salle de prière la plus sacrée du *wat*. Elle ressemble au *wí·hahn* par sa surface et par sa forme, mais en plus de ne pas contenir le principal bouddha du temple, elle s'en distingue par son ornementation plus riche et les huit pierres angulaires qui marquent ses limites.

***Chedi* (stupa)** Grande tour en forme de cloche comprenant généralement cinq éléments qui symbolisent (de bas en haut) la terre, l'eau, le feu, l'air et le vide. Elle renferme des reliques du Bouddha, les restes d'un roi thaïlandais ou d'un quelconque notable.

Tour du Tambour Contient le tambour cérémoniel battu par les novices.

Hŏr đrai Bibliothèque des manuscrits, abritant les écritures bouddhiques. Par le passé, ces textes étaient écrits sur des feuilles de palmier ; les *hŏr đrai* étaient donc construits en hauteur ou sur l'eau afin de les protéger des inondations et/ou des termites.

Mon·dòp Bâtiment carré ouvert sur les côtés, doté de quatre arches et d'un toit pyramidal, où est vénéré un objet ou un texte sacré.

Þrahng Flèche phallique d'origine khmère qui a la même fonction religieuse que le *chedi*.

***Săh·lah* (sala)** Pavillon souvent ouvert sur les côtés dédié à la relaxation, à l'enseignement et à diverses activités.

***Wí·hăhn* (vihara)** Sanctuaire renfermant le principal bouddha du temple, où les fidèles déposent leurs offrandes. Il est généralement coiffé d'un toit à trois niveaux représentant les trois joyaux : le Bouddha (le maître), le dharma (l'enseignement) et le sangha (les fidèles).

Jardin royal Saranrom PARC

7 ⊙ PLAN P. 44, D5

Cet espace vert datant de l'époque victorienne fut conçu autour d'une résidence royale sous le règne de Rama IV (roi Mongkut ; r. 1851-1868). Après l'abdication de Rama VII (roi Prajadhipok ; r. 1925-1935) en

La cuisine du sud de la Thaïlande à Thonburi

À Bangkok, le meilleur endroit pour découvrir la cuisine du sud du pays est le quartier du Siriraj Hospital à Thonburi. Cela s'expliquerait par la présence de la gare d'où partent les trains desservant le Sud. Les adresses où déguster d'authentiques curries sud-thaïlandais se concentrent entre le Soi 8 et le Soi 13 de Th Wang Lang ; citons **Dao Tai** (508/26 Th Wang Lang, enseigne en thaï ; plats à partir de 30 B ; 7h-20h30 ; Wang Lang/Siriraj Pier), **Ruam Tai** (376/4 Th Wang Lang, enseigne en thaï ; plats à partir de 30 B ; 7h-21h ; Wang Lang/Siriraj Pier) et **Chawang** (375/5-6 Th Wang Lang ; plats à partir de 30 B ; 7h-19h ; Wang Lang/Siriraj Pier). Pas besoin de carte : des bols et plateaux contenant curries, soupes, plats sautés et condiments sont déjà préparés, vous n'aurez qu'à pointer du doigt celui qui vous semble le plus appétissant. Et n'ayez pas honte de trouver votre repas trop épicé ; même pour les habitants de Bangkok, la cuisine du Sud est très relevée.

1935, le palais servit de siège au Parti du peuple, l'organisation politique qui orchestra la transition gouvernementale. L'espace extérieur fut ouvert au public en 1960. (สวนสราญรมย์ ; entre Th Ratchini, Th Charoen Krung et Th Sanam Chai ; 5h-21h ; Tien Pier)

National Gallery — GALERIE D'ART

8 PLAN P. 44, D2

Aménagée dans un édifice qui fut la Monnaie royale sous Rama V, la National Gallery renferme une collection permanente poussiéreuse et obsolète. L'art profane est un concept relativement récent en Thaïlande, et la plupart des œuvres occupent encore les temples pour lesquels elles ont été créées. La collection témoigne surtout de l'interprétation thaïlandaise des styles artistiques modernes. (พิพิธภัณฑ์สถานแห่งชาติหอศิลป์/หอศิลป์เจ้าฟ้า ; www.facebook.com/thenationalgallerythailand ; 4 Th Chao Fa ; 200 B ; 9h-16h mer-dim ; Chang Pier, Maharaj Pier, Phra Chan Tai Pier)

Lak Meuang — MONUMENT

9 PLAN P. 44, D4

Symbole spirituel de Bangkok, le Lak Meuang est un pilier en bois de forme phallique érigé par Rama Ier lors de la fondation de la ville en 1782. Selon une tradition animiste, il incarne la divinité protectrice de Bangkok (Phra Sayam Thewathirat). Plus pragmatiquement, il sert de repère symbolisant le centre de la capitale et de point central pour mesurer la distance qui la sépare des autres villes. (ศาลหลักเมือง ; angle Th Sanam Chai et Th Lak Meuang ; 6h30-18h30 ; Chang Pier, Maharaj Pier, Phra Chan Tai Pier)

Se restaurer

Tonkin-Annam

VIETNAMIEN $$

10 PLAN P. 44, C6

L'intérieur rétro et minimaliste pourrait annoncer une cuisine ethnique pour *hipsters*, mais Tonkin-Annam figure parmi les meilleures tables vietnamiennes de Bangkok. Expérimentez la salade de fleurs de bananier et de nombreux plats introuvables ailleurs. (093 469 2969 ; www.facebook.com/tonkinannam ; 69 Soi Tha Tien ; plats 140-300 B ; 10h-22h mer-lun ; ; Tien Pier)

Pa Aew

THAÏLANDAIS $

11 PLAN P. 44, C6

Installez-vous sur un tabouret en plastique pour déguster de généreux plats de produits de la mer, typiques de Bangkok. Ce stand de curry très simple et en plein air constitue l'une des meilleures adresses du quartier. Pas d'enseigne en anglais : repérez les plateaux de nourriture présentés directement devant la Krung Thai Bank, près de l'angle avec Soi Pratu Nokyung. (Th Maha Rat ; plats 20-60 B ; 10h-17h mar-sam ; Tien Pier)

Err

THAÏLANDAIS $$

12 PLAN P. 44, C6

Ce lieu au cadre rétro rassemble toutes les saveurs – fumées, craquantes, épicées, à base de viande – qui vous ont fait saliver dans la rue. Délicieux cocktails d'inspiration thaïlandaise et bières artisanales locales. (www.errbkk.com ; près de Th Maha Rat ; plats 65-360 B ; 11h-tard mar-dim ; ; Tien Pier)

Marché flottant sur un canal (p. 50)

Ming Lee

SINO-THAÏLANDAIS $

13 PLAN P. 44, B4

En face du Wat Phra Kaew, mais difficilement repérable, cette échoppe-restaurant sert depuis des décennies des plats occidentaux/chinois et des classiques thaïlandais. Souvent fermée après 18h, l'adresse se prête à un déjeuner entre 2 visites. Pas d'enseigne en anglais ; c'est la dernière *shophouse* avant l'université de Silpakorn. (28-30 Th Na Phra Lan ; plats 70-100 B ; 11h30-18h ; Chang Pier, Maharaj Pier, Phra Chan Tai Pier)

Marché de Wang Lang

THAÏLANDAIS $

14 PLAN P. 44, A3

Ce marché qui s'étend au sud du Siriraj Hospital regroupe des stands de restauration à emporter et des restaurants basiques, proposant principalement des plats de nouilles et des curries. À l'heure du déjeuner, l'endroit est pris d'assaut par les employés des bureaux alentour. (Trok Wang Lang ; plats 30-80 B ; 10h-15h lun-ven ; Wang Lang/Siriraj Pier)

Navy Club

THAÏLANDAIS $$

15 PLAN P. 44, B4

Les Thaïlandais fréquentent le restaurant de l'association de la marine royale pour sa vue sur le fleuve et ses délicieux plats de la mer, plutôt que pour son ambiance de cafétéria. (77 Th Maha Rat ; plats 70-450 B ; 11h-22h ; ; Chang Pier, Maharaj Pier, Phra Chan Tai Pier)

Savoey

THAÏLANDAIS $$

16 PLAN P. 44, B3

Ce restaurant de chaîne (il y a d'autres enseignes dans la ville) n'a pas un charme fou, mais sa carte riche en plats de la mer est une valeur sûre. La vue sur le fleuve et la climatisation en font un endroit confortable. La terrasse au bord de l'eau est agréable en soirée. (www.savoey.co.th ; 1er ét, Maharaj Pier, Th Maha Rat ; plats 125-1800 B ; 10h-22h ; ; Maharaj Pier, Chang Pier)

Sur les canaux de Thonburi

Depuis Chang Pier et Tien Pier, des *long-tails boats* conduisent les visiteurs à la découverte des fameux *khlong* de Thonburi de 8h30 à 17h. Les circuits passent par le **Khlong Bangkok Noi** et le **Khlong Bangkok Yai,** via le Musée national des Barges royales, le Wat Arun et un temple au bord de l'eau où l'on nourrit les poissons. Des excursions plus longues font un détour par le **Khlong Mon**, avec arrêt, le week-end, au marché flottant de Taling Chan. Notez toutefois que le circuit le plus répandu, d'une heure (1000 B, jusqu'à 8 personnes), n'offre pas assez de temps pour visiter un de ces sites. Pour cela, comptez 1 heure 30 (1300 B), voire 2 heures (1500 B).

Sala Rattanakosin Eatery & Bar THAÏLANDAIS $$$

17 PLAN P. 44, C6

Le prestige de ce restaurant en terrasse, que surplombe quasiment le Wat Arun et qui fait la gloire de l'hôtel Sala Rattanakosin, doit beaucoup à son emplacement. La cuisine – surtout du nord et du centre du pays, parfois revisitée à l'occidentale – n'est pas toujours à la hauteur du cadre. (02 622 1388 ; www.salaresorts.com/rattanakosin ; Sala Rattanakosin, 39 Th Maha Rat ; plats 240-1100 B ; 11h-16h30 et 17h30-23h ; ; Tien Pier)

Prendre un verre

Roof BAR

Cet élégant bar en plein air sur le toit de l'hôtel Sala Rattanakosin (voir 17 plan p. 44, C6) renouvelle les points de vue sur le Wat Arun au coucher du soleil – mais à travers un mur de touristes qui font des selfies. Venez tôt pour avoir une bonne place. (5e ét, Sala Rattanakosin ; 17h-minuit lun-jeu, 17h-1h ven-dim)

Amorosa BAR

18 PLAN P. 44, C6

Tout en haut de l'Arun Residence, l'Amorosa jouit d'une vue imprenable sur le fleuve et le Wat Arun juste en face, qui aide à faire oublier la banalité des cocktails. (www.arunresidence.com ; toit de l'Arun Residence, 36-38 Soi Pratu Nokyung ; 17h-minuit lun-jeu, 17h-1h ven-dim ; Tien Pier)

Marché des Amulettes

Ésotérique et fascinant, le **marché des Amulettes** (ตลาดพระเครื่องวัดมหาธาตุ ; plan p. 44, B3 ; Th Maha Rat ; 7h-17h ; Chang Pier, Maharaj Pier, Phra Chan Tai Pier) investit les trottoirs de Th Maha Rat et Th Phra Chan, ainsi qu'un dédale de stands couverts se déployant vers le sud depuis le Phra Chan Pier (l'entrée la plus facile d'accès est clairement indiquée "Trok Maha That"). La marchandise ? Toute une gamme de petits talismans très prisés des collectionneurs, des moines, des chauffeurs de taxi et de tous ceux exerçant des métiers à risque.

Sortir

Théâtre national THÉÂTRE

19 PLAN P. 44, C2

Le Théâtre national propose des représentations de *kŏhn*, théâtre dansé et masqué figurant souvent des scènes du *Ramakien* (à 14h les 2 premiers dimanches du mois de janvier à septembre), mais aussi des *lá·kon*, du théâtre dansé traditionnel (à 14h les 2 premiers dimanches du mois d'octobre à décembre). Billets en vente 1 heure avant le début du spectacle. (02 224 1342 ; 2 Th Ratchini ; billets 60-100 B ; Chang Pier, Maharaj Pier, Phra Chan Tai Pier)

MASSAGE
AGE SCHOOL

Explorer

Banglamphu

Traditionnelles shophouses (maisons de négoce en bois avec habitation à l'étage) et temples anciens : Banglamphu représente la Bangkok d'autrefois dans un secteur verdoyant et aéré. Le mieux est de venir à l'heure du déjeuner, lorsque la majorité des stands de rue et restaurants sont ouverts. Le soir, les jeunes Thaïlandais viennent en nombre pour un repas à moindre coût, ce qui modifie complètement l'ambiance.

Commencez votre journée par une vue d'ensemble du quartier depuis le mont d'Or (p. 58), puis descendez et découvrez l'artisanat local à Ban Baat (p. 60). Vous pourrez continuer à pied jusqu'au Wat Suthat (p. 58), peu visité malgré sa grande beauté. À midi, essayez un restaurant typique de Bangkok comme Krua Apsorn (p. 62). Après avoir repris des forces, rejoignez Th Khao San et plongez dans l'effervescence de son célèbre marché (p. 72). Le soir venu, vous pourrez assister à un combat de boxe thaïlandaise au stade Ratchadamnoen (p. 70) ou faire la fête au Hippie de Bar (p. 70) ou au Phra Nakorn Bar & Gallery (p. 70).

Comment y aller et circuler

Banglamphu n'est pas très bien relié au reste de la capitale par les transports publics. En journée, le mieux est de gagner le quartier à bord du ferry fluvial via le Phra Athit/Banglamphu Pier. Le soir, l'animation se concentre dans Th Khao San, accessible en taxi depuis l'arrêt de BTS National Stadium ou l'arrêt de MRT Hua Lamphong.

Chao Phraya Express Boat Phra Athit/Banglamphu Pier.

***Klorng*-taxi** Phanfa Leelard Pier.

Carte de Banglamphu p. 56

Tuk-tuk, Banglamphu AMNAT30/SHUTTERSTOCK ©

Promenade à pied

Tournée des bars de Banglamphu

Trouver un bar sympa dans Banglamphu est un jeu d'enfant car ce quartier est l'un des plus prisés des noctambules. Mais pourquoi se limiter à un seul ? Nous vous avons concocté un itinéraire riche en émotions : au programme, vue sur le fleuve, clientèle locale, musique live et ambiance jusqu'au bout de la nuit.

La promenade

Départ Sheepshank ; Tha Phra Athit/ Banglamphu

Arrivée The Bank ; Tha Phra Athit/Banglamphu

Distance 2 km

Durée 3 à 6 heures

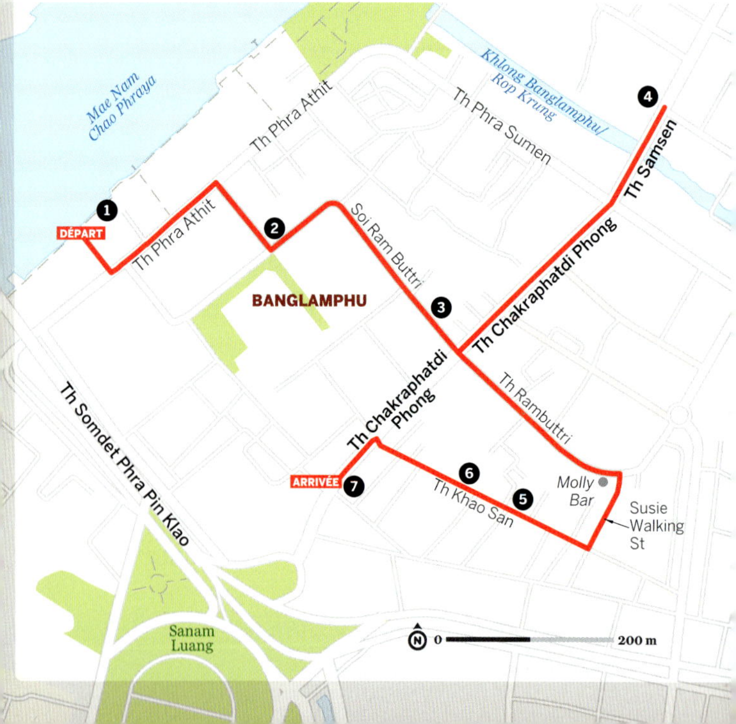

❶ Vue sur le fleuve

Démarrez la soirée dans le confort climatisé et distingué du **Sheepshank** (☎02 629 5165 ; www.sheepshankpublichouse.com ; 47 Th Phra Athit ; plats 320-1150 B ; 🕘18h-minuit mar-sam ; ❄), pub-restaurant proposant un étonnant menu d'en-cas et de cocktails classiques, ou en plein air au **Babble & Rum** (www.nexthotels.com/hotel/riva-surya-bangkok ; hôtel Riva Surya, 23 Th Phra Athit ; 🕘17h-22h).

❷ Faune locale

Pour observer les passants, direction le **Gecko Bar** (angle Soi Chana Songkhram et Soi Ram Buttri ; 🕘10h-1h), simple et sans prétention, ou, à quelques pas de là, **Madame Musur** (p. 68) un peu plus sophistiqué et qui sert une cuisine du nord du pays.

❸ Plage urbaine

Banglamphu s'est visiblement pris d'une passion inexplicable pour les bars à cocktails à la déco façon plage du Pacifique. Si c'est votre tasse de thé, mettez le cap vers le sud sur Soi Ram Buttri pour siroter un cocktail fruité dans le décor "géants de l'île de Pâques" du **Sawasdee House** (147 Soi Ram Buttri ; 🕘11h-2h) ou bien, juste au sud de Th Chakraphatdi Phong, au **Macaroni Club** (36 Th Rambuttri ; 🕘24h/24).

❹ Musique live

Sans une sirupeuse reprise de tubes internationaux, il n'est pas de tournée des bars digne de ce nom (vous ne pouvez prétendre connaître Bangkok si vous n'y avez jamais entendu reprendre en chœur *Hotel California*). Dirigez-vous vers le nord dans Th Chakraphatdi Phong pour gagner le bar blues intemporel **Ad Here the 13th** (p. 71) ou l'un des nombreux bars en plein air accueillant des groupes le long de Th Rambuttri, par exemple le **Molly Bar** (108 Th Rambuttri ; 🕘20h-1h).

❺ Th Khao San

À ce stade du circuit, vous êtes prêt à découvrir le clou de la soirée : Th Khao San. Admirez le défilé de sa population cosmopolite depuis les hauteurs du **Roof Bar** (Th Khao San ; 🕘17h-minuit), ou bien, juste en face mais au niveau de la rue, dans le trépidant **Center Khao Sarn** (Th Khao San ; 🕘24h/24).

❻ Dance Fever

S'il vous reste de l'énergie, le moment est venu d'entrer dans l'une des discothèques de Th Khao San, par exemple **The Club** (p. 68). Inutile d'y aller avant minuit.

❼ Au bout de la nuit

Pour prolonger la fête au-delà de 2h (l'heure où ferment la plupart des bars du quartier), filez à **The Bank** (3e ét, 44 Th Chakraphatdi Phong ; 🕘18h-tard), un lounge/club sur le toit qui reste ouvert très très tard. On vous aura prévenu...

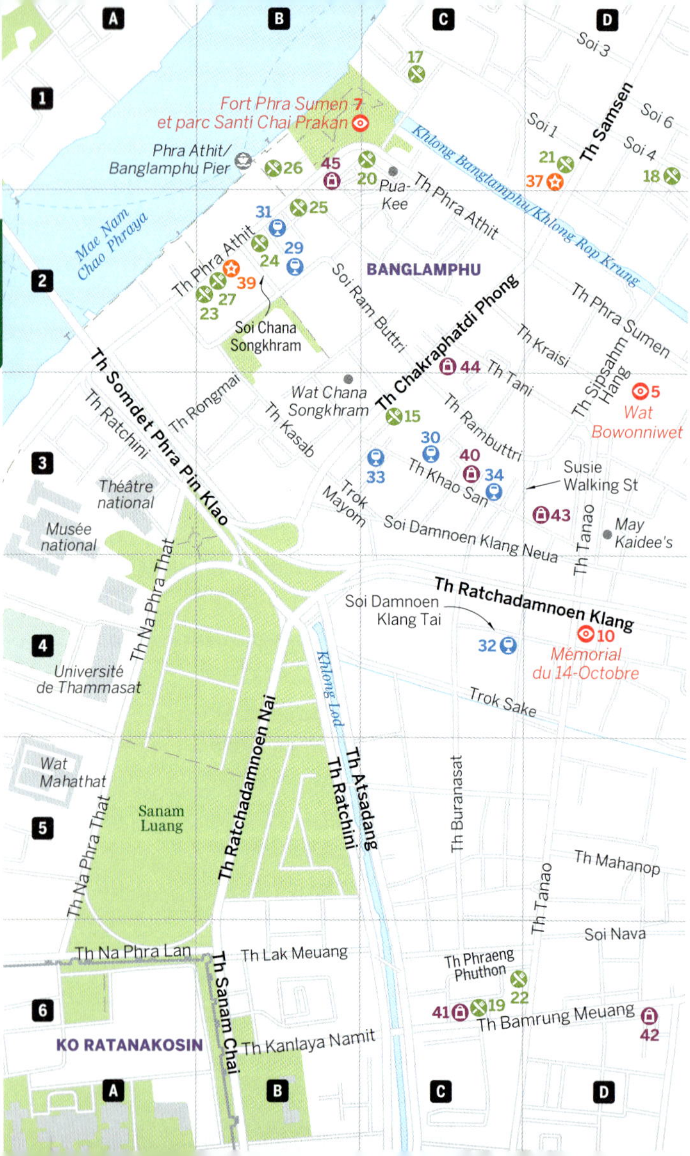
A
B
C
D
1
2
3
4
5
6
Fort Phra Sumen 7
et parc Santi Chai Prakan
Phra Athit/
Banglamphu Pier
Mae Nam
Chao Phraya
Khlong Banglamphu/Khlong Rop Krung
BANGLAMPHU
KO RATANAKOSIN
17
26
45
20
Pua-
Kee
Th Phra Athit
Soi 3
Soi 1
Soi 6
Soi 4
Th Samsen
21
37
18
31
25
29
24
39
27
23
Th Phra Athit
Soi Chana
Songkhram
Soi Ram Buttri
Th Chakraphatdi Phong
Th Phra Sumen
Th Kraisi
Th Sipsahm
Hang
44
Th Tani
5
Wat
Bowonniwet
Wat Chana
Songkhram
15
Th Rambuttri
Th Somdet Phra Pin Klao
Th Ratchini
Th Rongmai
Th Kasab
30
33
40
34
Th Khao San
Trok
Mayom
Susie
Walking St
43
Th Tanao
May
Kaidee's
Soi Damnoen Klang Neua
Théâtre
national
Musée
national
Th Na Phra That
Th Ratchadamnoen Klang
Soi Damnoen
Klang Tai
32
10
Mémorial
du 14-Octobre
Université
de Thammasat
Khlong Lod
Trok Sake
Wat
Mahathat
Sanam
Luang
Th Ratchadamnoen Nai
Th Ratchini
Th Atsadang
Th Buranasat
Th Mahanop
Th Na Phra That
Th Tanao
Soi Nava
Th Na Phra Lan
Th Lak Meuang
Th Sanam Chai
Th Phraeng
Phuthon
22
41
19
Th Bamrung Meuang
42
Th Kanlaya Namit

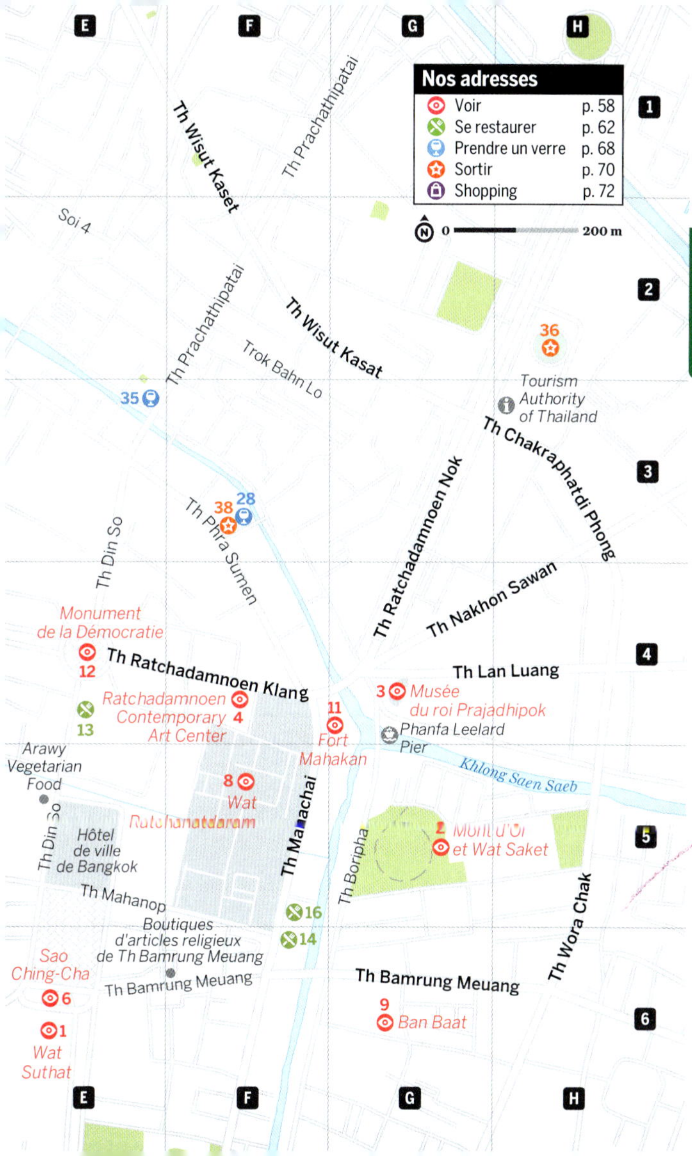
Nos adresses
Voir p. 58
Se restaurer p. 62
Prendre un verre p. 68
Sortir p. 70
Shopping p. 72
0 200 m
E
F
G
H
1
2
3
4
5
6
Th Wisut Kaset
Th Prachathipatai
Soi 4
Th Prachathipatai
Trok Bahn Lo
Th Wisut Kasat
36
Tourism Authority of Thailand
35
Th Chakraphatdi Phong
38
28
Th Phra Sumen
Th Din So
Th Ratchadamnoen Nok
Th Nakhon Sawan
Monument de la Démocratie
12
Th Ratchadamnoen Klang
Th Lan Luang
Ratchadamnoen Contemporary Art Center 4
13
11
Fort Mahakan
3 Musée du roi Prajadhipok
Phanfa Leelard Pier
Khlong Saen Saeb
Arawy Vegetarian Food
8 Wat Ratchanatdaram
Th Din So
Hôtel de ville de Bangkok
Th Mahachai
Th Boripha
2 Mont d'Or et Wat Saket
Th Mahanop
16
14
Boutiques d'articles religieux de Th Bamrung Meuang
Th Wora Chak
Sao Ching-Cha
6
Th Bamrung Meuang
Th Bamrung Meuang
9 Ban Baat
1 Wat Suthat

Voir

Wat Suthat

TEMPLE BOUDDHIQUE

1 PLAN P. 56, E6

Gigantesque et très impressionnant, le Wat Suthat a également le plus haut statut royal pour un temple. À l'intérieur du *wí·hăhn* (sanctuaire pour une sculpture du Bouddha) se trouvent des fresques sophistiquées de *Jataka* (histoires du Bouddha) et un **Phra Si Sakayamuni** de 8 m de haut, le plus gros bronze de style Sukhothai qui soit parvenu jusqu'à nous ; il fut produit dans l'ancienne capitale de Sukhothai au XIVe siècle. Désormais, les cendres de Rama VIII (roi Ananda Mahidol ; r. 1935-1946) sont conservées dans le socle de la sculpture. (วัดสุทัศน์ ; Th Bamrung Meuang ; 20 B ; 8h30-21h ; bateau-bus jusqu'à Phanfa Leelard Pier)

Mont d'Or et Wat Saket

TEMPLE BOUDDHIQUE

2 PLAN P. 56, G5

Même si vous êtes las des *wat*, ne faites pas l'impasse sur la brève ascension du mont d'Or (Phu Khao Thong). L'escalier serpente à travers une colline artificielle ombragée d'arbres tortueux et passe devant les tombes et photographies de généreux donateurs. Au sommet, vous profiterez d'un panorama à 360 degrés sur la facette la plus photogénique de Bangkok. À côté, le Wat Saket, paisible en apparence, renferme des fresques figurant parmi les plus belles et les plus sanglantes du pays ; gagnez la colonne derrière la statue du Bouddha pour une représentation explicite de l'enfer bouddhique. (ภูเขาทอง et วัดสระเกศ ; Th Boriphat ; accès au sommet du mont d'Or 10 B ; 7h30-17h30 ; *klorng*-taxi jusqu'à Phanfa Leelard Pier)

Prenez le bateau !

La circulation est rude dans la vieille ville. Les bateaux – le ferry Chao Phraya Express Boat ou les *bateaux-bus* – sont lents, mais plus tranquilles pour rejoindre Banglamphu.

Musée du roi Prajadhipok

MUSÉE

3 PLAN P. 56, G4

Une collection de photos anciennes et d'autres médias illustre le destin plutôt dramatique de Rama VII (roi Prajadhipok ; r. 1925-1935), dernier monarque absolu de la Thaïlande. Ce musée occupe une majestueuse demeure néocoloniale érigée sur ordre de Rama V pour accueillir son tailleur londonien favori : ce fut la seule entreprise étrangère autorisée à s'installer sur la voie royale reliant les 2 quartiers de palais de Bangkok. (พิพิธภัณฑ์พระบาทสมเด็จพระปกเกล้าเจ้าอยู่หัว ; www.kingprajadhipokmuseum.org ; 2 Th Lan Luang ; entrée libre ; 9h-16h mar-dim ; *klorng*-taxi jusqu'à Phanfa Leelard Pier)

Fresques, Wat Bowonniwet

Ratchadamnoen Contemporary Art Center GALERIE

4 PLAN P. 56, F4

Cette nouvelle structure sur 3 étages accueille des expositions tournantes d'art contemporain thaïlandais utilisant divers médias. (หอศิลป์ร่วมสมัยราชดำเนิน, RCAC ; www.facebook.com/Ratchadamnone ; Th Ratchadamnoen Klang ; entrée libre ; 10h-19h mar-dim ; *klorng*-taxi jusqu'à Phanfa Leelard Pier)

Wat Bowonniwet TEMPLE BOUDDHIQUE

5 PLAN P. 56, D3

Fondé en 1826, le Wat Bowonniwet (communément appelé Wat Bowon) est le siège de la secte monastique Thammayut, une version réformée du bouddhisme thaïlandais. Son *bòht* (salle d'ordination) est orné de belles fresques qui présentent une vision thaïlandaise de la vie occidentale au début du XIXe siècle, sans doute inspirée de revues illustrées. En raison du statut royal du temple, une tenue correcte s'impose ; pas de shorts ni de débardeurs. (วัดบวรนิเวศวิหาร ; www.watbowon.org ; Th Phra Sumen ; entrée libre ; 8h30-17h ; Phra Athit/Banglamphu Pier)

Sao Ching-Cha MONUMENT

6 PLAN P. 56, E6

Une balançoire géante était jadis installée sous cet immense arc rouge – symbole de Bangkok –, qui accueillait une fête brahmanique en l'honneur de Shiva. Les participants s'élançaient de plus en plus haut pour tenter d'attraper un sac d'or suspendu à un mât de bambou de 15 m. Quiconque se saisissait de l'or pouvait le garder, mais beaucoup sont morts en chutant. Une photo en noir et blanc de ce rituel dangereux figure à la billetterie du Wat Suthat attenant. (เสาชิงช้า, Giant Swing ; Th Bamrung Meuang ; *klorng*-taxi jusqu'à Phanfa Leelard Pier)

Fort Phra Sumen et parc Santi Chai Prakan FORT, PARC

7 PLAN P. 56, B1

Carré de verdure avec vue sur le fleuve, aménagé sur le site d'une ancienne raffinerie de sucre, le parc Santi Chai Prakan est le théâtre d'une intense animation le soir, avec des cours d'aérobic assez réjouissants. La promenade au bord de l'eau, qui part vers le sud, est paisible. Le parc a pour monument principal le fort Phra Sumen, d'une blancheur immaculée, qui fut érigé en 1783 pour défendre la ville d'une invasion par le fleuve. (ป้อมพระสุเมรุ, สวนสันติชัยปราการ ; Th Phra Athit ; entrée libre ; 5h-21h ; Phra Athit/Banglamphu Pier)

Wat Ratchanatdaram TEMPLE BOUDDHIQUE

8 PLAN P. 56, F5

Ce temple fut édifié pour Rama III (roi Phranangklao ; r. 1824-1851) dans les années 1840. Son architecture s'inspirerait de temples en métal bâtis en Inde et au Sri Lanka il y a plus de 2 000 ans. (วัดราชนัดดาราม ; Th Mahachai ; entrée libre ; 8h-17h ; *klorng*-taxi jusqu'à Phanfa Leelard Pier)

Ban Baat QUARTIER

9 PLAN P. 56, G6

Des 3 villages que fonda Rama Ier (roi Phraphutthayotfa Chulalok ; r. 1782-1809) à Bangkok pour la production des *bàht* (bols à aumônes) dans lesquels les moines reçoivent chaque matin de la nourriture déposée par les fidèles, seul Ban Baat subsiste. De nos jours, les touristes – et non les temples – forment le gros de la clientèle et l'achat d'un bol s'accompagne généralement d'une démonstration de la fabrication. (บ้านบาตร, village du Bol du moine ; près de Soi Ban Bat ; 9h-17h ; *klorng*-taxi jusqu'à Phanfa Leelard Pier)

Mémorial du 14-Octobre MONUMENT

10 PLAN P. 56, D4

Cet amphithéâtre rend hommage aux civils tués par l'armée lors d'une manifestation le 14 octobre 1973 : plus de 200 000 personnes étaient réunies autour du monument de la Démocratie et le long de Th Ratchadamnoen pour s'insurger contre l'arrestation de militants politiques et la dictature militaire. Des photographies attestent la mort de plus de 70 manifestants. (อนุสรณ์สถาน ๑๔ ตุลา ; angle Th Ratchadamnoen Klang et Th Tanao ; entrée libre ; 24h/24 ; *klorng*-taxi jusqu'à Phanfa Leelard Pier)

Balade dans Thanon Khao San

Th Khao San, plus connue sous le nom de Khao San Road, est une rue unique au monde : ici, dans Banglamphu, les voyageurs convergent en un melting-pot permanent. Ils sont soit sur le point de commencer un long périple, sac au dos, à travers l'Asie, soit en passe de renouer (avec plus ou moins d'enthousiasme) avec leur train-train quotidien. Nulle part ailleurs (hormis dans les aéroports) ne se côtoient des voyageurs de nationalités et d'âges aussi variés, du jeune bourlingueur au gentil couple de retraités sirotant son cocktail rituel.

La naissance d'une légende

Th Khao San, la "rue du riz cru", est aujourd'hui une star au firmament du voyage indépendant – mais ça n'a pas toujours été le cas. Durant ses deux premiers siècles d'existence, elle n'était qu'une artère du vieux Bangkok comme les autres. C'est en 1982 que sont apparues les premières *guesthouses* et, au fil des années 1980, à mesure qu'affluaient les globe-trotteurs, les vieilles maisons de bois furent transformées une à une en hébergements bon marché. Quand Alex Garland publie en 1997 son roman *La Plage*, dont les premières scènes se déroulent dans les recoins les plus miteux de Khao San, la rue est d'ores et déjà un passage obligé pour tous les voyageurs en vadrouille en Asie du Sud-Est.

La Khao San d'aujourd'hui

La Plage, puis son adaptation au cinéma ont fait connaître Khao San Road au plus grand nombre, parant le sordide d'atours romantiques, et les voyageurs fréquentant le quartier d'une aura de néo-babas cool. Du même coup, les atouts et points faibles de la rue sont devenus un sujet de conversation entre voyageurs : alors KSR, hype ou ringarde ? Étape incontournable d'un voyage "authentique" ou bien no man's land insipide vivotant des derniers bahts de touristes occidentaux se gargarisant d'expériences "roots" ? Et, au fond, est-ce bien encore la Thaïlande ? Au-delà des clichés, cette rue sait incontestablement satisfaire toutes les envies du voyageur : un repas "comme à la maison" pour soigner son mal du pays, des cafés et des bars où échanger des bonnes adresses, des tailleurs, des tour-opérateurs, des instituts de blanchiment des dents, des librairies d'occasion, sans oublier ces incontournables vendeuses akha harcelant le moindre passant dans l'espoir de le voir acheter leurs grenouilles en bois.

Banglamphu pour les végétariens

La forte fréquentation touristique a fait naître à Banglamphu de nombreuses tables végétariennes. Outre le Hemlock (p. 66) et le Shoshana (ci-contre), tous deux généreux pour les non-carnivores, voici quelques adresses :

Arawy Vegetarian Food (plan p. 57, E5 ; 152 Th Din So ; plats à partir de 30 B ; 7h-20h ; ; *klorng*-taxi jusqu'à Phanfa Leelard Pier)

Thamna (175 Th Samsen ; plats 100-290 B ; 11h-15h et 17h-21h lun-sam ; ; Thewet Pier)

May Kaidee's (plan p. 56, D3 ; www.maykaidee.com ; 59 Th Tanao ; plats 80-120 B ; 9h-22h ; ; Phra Athit/Banglamphu Pier)

Fort Mahakan ÉDIFICE REMARQUABLE

11 PLAN P. 56, G4

Datant de la fin du XVIIIe siècle, ce fort chaulé est l'une des 2 citadelles encore debout parmi celles qui défendaient jadis la vieille ville. L'édifice octogonal offre une brève étape, pittoresque mais très chaude, en route vers le mont d'Or. Le village voisin est aussi intéressant. Cette petite communauté de maisons en bois existe depuis plus de 100 ans, mais depuis le milieu des années 1990, elle lutte contre la municipalité de Bangkok qui prévoit de la détruire pour créer un parc "touristique". (ป้อมมหากาฬ ; Th Ratchadamnoen Klang ; entrée libre ; 24h/24 ; *klorng*-taxi jusqu'à Phanfa Leelard Pier)

Monument de la Démocratie MONUMENT

12 PLAN P. 56, E4

Le monument de la Démocratie est le point d'orgue de Th Ratchadamnoen Klang, majestueux boulevard de style européen. Comme son nom l'indique, il fut érigé pour commémorer la transition de la Thaïlande entre monarchie absolue et monarchie constitutionnelle. (อนุสาวรีย์ประชาธิปไตย ; Th Ratchadamnoen Klang ; *klorng*-taxi jusqu'à Phanfa Leelard Pier)

Se restaurer

Krua Apsorn THAÏLANDAIS $$

13 PLAN P. 56, E4

Ce restaurant de style cafétéria compte parmi les adresses favorites des membres de la famille royale et des critiques gastronomiques. Les plats des cuisines du centre et du sud du pays sont savoureux, mais les habitués ne manquent jamais l'occasion de commander le succulent "crabe sauté au piment jaune" ou l'"omelette légère au crabe" façon *tortilla española*. (www.kruaapsorn.com ; Th Din So ; plats

100-450 B ; 10h30-20h lun-sam ; ; *klorng*-taxi jusqu'à Phanfa Leelard Pier)

Jay Fai

THAÏLANDAIS $$$

14 PLAN P. 56, F6

Contrairement à ce que laisse supposer la salle dépouillée, le Jay Fai est connu pour servir les *pàt kêe mow* ("nouilles de l'ivrogne" ; nouilles de riz plates sautées avec des fruits de mer et des herbes thaïlandaises) les plus chères de Bangkok. Toutefois, le prix se justifie par la généreuse quantité de produits de la mer et par la technique de cuisson particulière qui évite quasiment l'utilisation d'huile. Le Jay Fai occupe une *shophouse* pratiquement non signalée en face d'un 7-Eleven. (327 Th Mahachai ; plats 180-1000 B ; 15h-2h lun-sam ; *klorng*-taxi jusqu'à Phanfa Leelard Pier)

Shoshana

ISRAÉLIEN $$

15 PLAN P. 56, C3

C'est l'un des plus anciens restaurants israéliens de Khao San. Malgré la décoration kitsch, vous ne serez jamais déçu par les fritures, la grande spécialité, et ne manquez pas le délicieux caviar d'aubergine bien aillé. (88 Th Chakraphatdi Phong ; plats 80-320 B ; 10h-minuit ; ; Phra Athit/Banglamphu Pier)

Thip Samai

THAÏLANDAIS $

16 PLAN P. 56, F5

Vous en conviendrez, les nouilles sautées que préparent les chariots de restauration sur Th Khao San n'ont qu'une lointaine parenté avec le vrai *pàt tai*. Heureusement, à moins de 5 minutes en *tuk-tuk*, Thip Samai mitonne les nouilles sautées

Monument de la Démocratie

les plus fameuses de la capitale. Fermé un mercredi sur deux. (313 Th Mahachai ; plats 50-250 B ; 17h-2h ; *klorng*-taxi jusqu'à Phanfa Leelard Pier)

Somsong Phochana

THAÏLANDAIS $

17 PLAN P. 56, C1

L'un des rares restaurants de Bangkok servant des *gŏo·ay đĕe·o sù·kŏh·tai*, ou nouilles façon Sukhothai : du porc grillé au barbecue et de fines nouilles de riz dans un bouillon clair agrémenté d'un peu de sucre, de légumes verts émincés et de cacahuètes concassées. Pas d'enseigne en anglais : prenez la première à gauche dans Th Lamphu, en face de la Watsungwej School. Le restaurant est sur la droite. (près de Th Lamphu ; plats à partir de 30 B ; 9h30-16h ; Phra Athit/Banglamphu Pier)

Baan Nual

THAÏLANDAIS $$

18 PLAN P. 56, D1

Le constat est clair : les restaurateurs d'aujourd'hui imaginent des lieux qui ressemblent aux troquets de jadis. Avec 3 tables et un charme fou, Baan Nual est l'exemple type de cette tendance. Côté assiette, les généreux plats du centre de la Thaïlande, assez portés sur la viande, ne déçoivent pas. Le menu en anglais est limité, mais vous pourrez consulter le compte Instagram du restaurant (@baannual372) pour plus d'options. (081 889 7403 ; 372 Soi 2, Th Samsen, enseigne en thaï ; plats 70-390 B ; midi-21h mar-ven, 16h-21h sam-dim ; Phra Athit/Banglamphu Pier)

Cuisine de rue dans Th Ratchadamnoen

Orgie de nouilles dans Thanon Phra Athit

Bien que très proche de la touristique Th Khao San, Th Phra Athit demeure un microcosme dédié aux plats de nouilles de Bangkok – et d'ailleurs. Si vous souhaitez découvrir certaines des spécialités de nouilles les plus méconnues de Thaïlande, tentez les adresses suivantes :

Soy (p. 66). L'une des meilleures options pour de généreux bols de soupe de nouilles au bœuf. Choisissez entre le bœuf braisé ultra-tendre, le bœuf cru, les boulettes de bœuf ou un mélange des trois.

Khun Daeng (p. 68). Une adresse réputée pour ses *gŏo·ay jáp you·an*, ce qui est traduit par "nouilles vietnamiennes" dans le menu en anglais. Introduit dans le nord-est de la Thaïlande par des immigrants vietnamiens, ce plat est une savoureuse combinaison de saucisse de porc, œuf de caille, fines nouilles de riz et échalotes frites, le tout baignant dans un bouillon légèrement visqueux.

Somsong Phochana (ci-contre). Ici, vous trouverez des *gŏo·ay đĕe·o sù·kŏh·tai*, c'est-à-dire des nouilles façon Sukhothai : du porc grillé au barbecue et de fines nouilles de riz dans un bouillon clair agrémenté d'un peu de sucre, de légumes verts et de cacahuètes concassées. Un délice !

Pua-Kee (plan p. 56, C1 ; Th Phra Sumen, enseigne en thaï ; plats 50-90 B ; 9h-16h ; Phra Athit/Banglamphu Pier). Rendez-vous au Pua-Kee pour savourer un classique du centre de la Thaïlande, les *gŏo·ay đĕe·o đôm yam* ("*rice noodle soup hotspicy with mixed ball*" sur le menu), des nouilles aux boulettes de poisson, assaisonnées de sucre, citron vert et piment séché, et servies avec un *wonton* frit et croustillant. Il n'y a pas d'enseigne en anglais, mais le restaurant est voisin de la Makalin Clinic, clairement indiquée.

Nuttaporn THAÏLANDAIS $

19 PLAN P. 56, C6

Voilà au moins 70 ans que cette *shophouse* croulante prépare la plus délicieuse glace à la noix de coco de Bangkok – idéal pour se rafraîchir le palais après un bol de nouilles épicées. Parmi les saveurs locales, citons la mangue, le thé thaïlandais et, pour les plus téméraires, le durian. (94 Th Phraeng Phuthon ; plats à partir de 20 B ; 9h-16h lun-sam ; ; Phra Athit/Banglamphu Pier)

Karim Roti-Mataba THAÏLANDAIS $

20 PLAN P. 56, C1

Cette institution de Bangkok a peut-être un peu pris la grosse tête, mais sa cuisine thaïlandaise hallal reste savoureuse, avec des *roti*, du *gaang mát·sà·màn* (curry), un curry de poisson amer comme il faut, et des *má·đà·bà* (crêpes fourrées). La salle climatisée à l'étage et les quelques tables à l'extérieur suffisent à peine pour asseoir clients fidèles et touristes curieux. (136 Th Phra Athit ; plats 40-130 B ; 9h-22h mar-dim ; ; Phra Athit/Banglamphu Pier)

Bangkok Poutine INTERNATIONAL $$

21 PLAN P. 56, D1

Si vous avez surmonté l'épreuve du scorpion frit, attaquez-vous à la poutine : des frites recouvertes de fromage râpé et de sauce brune. Gérée par des Québécois, cette adresse est parfaite pour écouter de la pop francophone, regarder un match de hockey, et pour déguster des plats thaïlandais, libanais ou autres, avec de nombreuses options végétariennes. (www.facebook.com/bangkokpoutine ; Th Samsen ; plats 70-200 B ; midi-minuit mar-dim ; ; Phra Athit/Banglamphu Pier)

Hors des sentiers battus

Si Th Khao San est surtout associée aux touristes étrangers, ces dernières années, le quartier est devenu en vogue auprès des jeunes noctambules de Bangkok. Pour dénicher des adresses fréquentées par des locaux, direction Th Phra Athit et ses pubs avec musique live.

Chote Chitr THAÏLANDAIS $

22 PLAN P. 56, C6

Dans une *shophouse*, ce restaurant de tout juste 6 tables est une institution culinaire depuis 3 générations. La cuisine est inégale et le service toujours bougon, mais les bons jours, les *mèe gròrp* (nouilles sautées croustillantes) et la *yam tòo·a plou* (salade de pois carrés) sont sans égal. (146 Th Phraeng Phuthon ; plats 60-200 B ; 11h-22h ; *klorng*-taxi jusqu'à Phanfa Leelard Pier)

Hemlock THAÏLANDAIS $$

23 PLAN P. 56, B2

Dans le cadre accueillant d'une *shophouse*, cette adresse prisée de longue date est assez stylée pour les grandes occasions. Le menu éclectique fait revivre des recettes anciennes sorties des cuisines aristocrates de tout le pays ; nombreux plats végétariens. (56 Th Phra Athit ; plats 75-280 B ; 16h-minuit lun-sam ; ; Phra Athit/Banglamphu Pier)

Soy CHINOIS $

24 PLAN P. 56, B2

Fort d'un succès établi depuis longtemps, Soy sert de grands bols de soupe de nouilles au bœuf. Choisissez entre le bœuf braisé ultra-tendre, le bœuf cru, les boulettes de bœuf ou une combinaison des trois. Pas d'enseigne en anglais ; repérez la *shophouse* ouverte à l'avant avec des chaises en plastique rouge.

Pàt tai : le plat de nouilles thaïlandais par excellence

(100/2-3 Th Phra Athit, enseigne en thaï ; plats 80-100 B ; 7h-17h30 ; Phra Athit/Banglamphu Pier)

Escapade Burgers & Shakes

AMÉRICAIN **$$**

25 PLAN P. 56, B2

Escapade est la preuve que pour ce qui concerne la cuisine américaine, les Thaïlandais ont des siècles d'avance sur McDonald's. Faufilez-vous dans l'étroite salle à manger pareille à un bar pour dévorer des burgers dégoulinants d'ingrédients comme le "toasted rice mayo". Les milkshakes sont assez extraordinaires. (112 Th Phra Athit ; plats 120-330 B ; 16h-minuit mar-dim ; ; Phra Athit/Banglamphu Pier)

Rarb

THAÏLANDAIS **$$$**

26 PLAN P. 56, B1

Tout en écoutant de la funk thaïlandaise des années 1970, sirotez un cocktail corsé (au nom classé X) concocté par l'excellent barman Karn Liangsrisuk, qui travaillait auparavant juste à côté, à l'institution du burger Escapade. Ce bar-restaurant est certes minuscule, mais sa *lahp moo* (salade de porc épicée) n'en est pas moins fabuleuse, surtout si vous l'accompagnez de riz toasté maison, ainsi que du mélange secret d'épices et de piments du chef. Une adresse très authentique dans un quartier en plein essor. (49 Th Phra Athit ; plats 300-500 B ; 17h-minuit mar-dim ; S Saphan Taksin)

Khun Daeng

THAÏLANDAIS $

27 PLAN P. 56, B2

Cet établissement très populaire est spécialiste des *gŏo·ay jáp you·an*, décrites dans la carte en anglais comme des "nouilles vietnamiennes". Introduit dans le nord-est de la Thaïlande par des immigrants vietnamiens, ce plat combine de la saucisse de porc poivrée, un œuf de caille, de fines nouilles de riz et des échalotes frites croustillantes, le tout dans un bouillon légèrement visqueux. Pas d'enseigne en anglais ; repérez la devanture blanc et vert. (Th Phra Athit, enseigne en thaï ; plats 45-55 B ; 11h-21h30 lun-sam ; Phra Athit/Banglamphu Pier)

Prendre un verre

Ku Bar

BAR

28 PLAN P. 56, F3

Si vous avez soupé des cocktails standardisés servis dans des seaux, rendez-vous au Ku Bar, complètement à l'opposé de toutes les adresses festives de Khao San. Grimpez 3 étages (repérez la minuscule enseigne) pour émerger dans un décor au minimalisme frisant le comique, où les cocktails de fruits et légumes sophistiqués (par exemple : litchi, tomate, ananas/poivron rouge) et la musique obscure contribuent à l'ambiance *underground*. (www.facebook.com/ku.bangkok ; 3e ét, 469 Th Phra Sumen ; 19h-minuit jeu-dim)

Madame Musur

BAR

29 PLAN P. 56, B2

Nul besoin d'aller jusqu'à Pai dans le Nord : Madame Musur offre une combinaison réussie entre le nord de la Thaïlande, *La Plage* et Th Khao San. Une bonne adresse pour discuter, boire un verre et observer la faune locale, mais aussi pour se sustenter, grâce à une petite sélection de plats du nord de la Thaïlande (100-200 B). (www.facebook.com/madamemusur ; 41 Soi Ram Buttri ; 8h-minuit ; Phra Athit/Banglamphu Pier)

The Club

CLUB

30 PLAN P. 56, C3

Au milieu de Th Khao San, cette discothèque aux allures de grotte accueille un joyeux mélange de Thaïlandais et de voyageurs ; consultez la page Facebook pour connaître les événements et les DJ invités. (www.facebook.com/theclubkhaosanbkk ; 123 Th Khao San ; ven-sam 120 B ; 21h-2h ; Phra Athit/Banglamphu Pier)

Commé

BAR

31 PLAN P. 56, B2

Avant même de le repérer à l'afflux de motos anciennes, le bruit émanant du Commé pourra vous y guider. Rendez-vous des hipsters, ce bar avec terrasse dans le style typique de Th Phra Athit est l'endroit où passer une soirée à la thaïlandaise bruyante et arrosée. (100/4-5 Th Phra Athit ; 18h-1h ; Phra Athit/Banglamphu Pier)

Comprendre : la boxe thaïlandaise

Connue officiellement sous le nom de Phahuyut (du pali-sanskrit *bhahu*, "bras", et *yodha*, "combat"), l'art martial ancestral du *muay thai* (ou *mou·ay tai*, boxe thaïlandaise) est l'un des emblèmes du royaume.

Une tradition ancestrale

Le *muay thai* est, pour de nombreux amateurs d'arts martiaux, la forme de corps à corps sur un ring la plus efficace et la plus imbattable pratiquée de nos jours. Après la défaite des Siamois à Ayuthaya en 1767, plusieurs maîtres du *mou·ay boh·rahn* (l'ancêtre du *muay thai* contemporain), faits prisonniers, sont emmenés en Birmanie. Quelques années plus tard, à l'occasion d'une fête, l'un de ces Siamois, Nai Khanom Tom, est désigné pour affronter plusieurs talentueux combattants birmans pour divertir le roi, mais aussi pour déterminer lequel des deux arts martiaux l'emporte sur l'autre. Il vainc neuf adversaires d'affilée, et, selon la légende, se voit alors offrir, en récompense, soit de l'argent, soit des beautés locales : le Thaïlandais choisit rapidement deux nouvelles épouses.

Le *muay thai* aujourd'hui

Aux premiers temps de la boxe thaïlandaise, les combattants s'enveloppent les poings de crin de cheval, et de l'écorce de bois et des coquillages font office de coque pour protéger l'entrejambe. Tout cela n'empêche pas des taux de mortalité et de blessures très élevés, si bien que l'État thaïlandais décide, dans les années 1920, d'interdire le *muay thai*. Bien vite, dans les années 1930, l'interdiction est levée et la discipline encadrée par de nouvelles réglementations : les matchs sont limités à 5 reprises de 3 minutes avec 2 minutes de repos entre chacune. Les adversaires doivent porter des gants et des shorts de style international, et leurs pieds sont bandés (aujourd'hui encore, ils ne portent pas de chaussures). Malgré ces nombreuses concessions à la sécurité, il reste permis, de nos jours, de frapper son adversaire à n'importe quel endroit du corps en utilisant, soi-même, n'importe quelle partie de son corps, hormis la tête. Les plus usités sont les coups de pied au cou, les coups de coude au visage et dans la tête, les lancers de genou dans les côtes et les frappes du pied dans les mollets. Le coup de poing est le moins noble de tous, et le coup de pied envisagé comme une simple façon d'"attendrir" l'adversaire. Dans la plupart des matchs, les frappes du genou et du coude sont souvent décisives.

Phra Nakorn Bar & Gallery

BAR

32 PLAN P. 56, C4

À quelques encablures de la branchitude de Th Khao San, ce bar et galerie s'apparente à une maison à l'écart du tumulte pour des étudiants thaïlandais et artistes de tous bords, avec une décoration éclectique et des expositions tournantes. Notre conseil : gagnez directement le toit-terrasse et commandez au bar un plat thaïlandais savoureux et bon marché. (www.facebook.com/Phranakornbarandgallery ; 58/2 Soi Damnoen Klang Tai ; 18h-1h ; *klorng*-taxi jusqu'à Phanfa Leelard Pier)

Hippie de Bar

BAR

33 PLAN P. 56, C3

Une agréable ambiance rétro, une salle et une terrasse, et un fond sonore indé/pop que vous n'entendrez pas ailleurs en ville. Vous êtes au beau milieu de Th Khao San, et pourtant il y a peu de visages étrangers : une bonne adresse pour se faire de nouveaux amis thaïlandais. (www.facebook.com/hippie.debar ; 46 Th Khao San ; 15h-2h ; Phra Athit/Banglamphu Pier)

Lava Gold

CLUB

34 PLAN P. 56, C3

Descendez l'escalier jusqu'à cette discothèque toujours bondée, installée de longue date dans Th Khao San. Les DJ n'ont rien de stars internationales, mais ils font la joie de la clientèle alcoolisée. (www.facebook.com/Lava.Gold.Club ; 249 Th Khao San ; 19h-4h ; Tha Phra Athit/Banglamphu)

Rolling Bar

BAR

35 PLAN P. 56, E3

Échappez à l'agitation de Th Khao San en gagnant ce paisible bar au bord d'un canal. Musique live et en-cas salés donnent l'envie d'y rester. (Th Prachathipatai ; 17h-minuit ; *klorng*-taxi jusqu'à Phanfa Leelard Pier)

Sortir

Stade Ratchadamnoen

COMBATS DE BOXE

36 PLAN P. 56, H2

Le stade Ratchadamnoen, adresse historique de Bangkok pour la *muay thai* (ou *mou·ay tai*, boxe thaïlandaise), accueille régulièrement des combats. Achetez vos places à la billetterie officielle (au guichet ou en ligne) et non aux rabatteurs à l'entrée. (สนามมวยราชดำเนิน ; www.rajadamnern.com ; près de Th Ratchadamnoen Nok ; billets 3e/2e catégorie/bord de ring 1000/1500/2500 B ; combats lun-jeu 18h30-23h, dim 15h et 18h30 ; Thewet Pier, S Phaya Thai sortie 3 et taxi)

Brick Bar

MUSIQUE LIVE

Ce pub installé au sous-sol de Buddy Lodge (voir 43 plan p. 56, D3), l'une de nos adresses favorites à Bangkok pour les concerts, accueille chaque soir des groupes différents et une clientèle presque exclusivement thaïlandaise, qui finit souvent la soirée en dansant sur les tables. L'endroit peut être incroyablement bondé : venez tôt. (www.brickbarkhaosan.com ; 265 Th Khao San ; 150 B sam-dim ; 19h-13h30 ; Phra Athit/Banglamphu Pier)

Ad Here the 13th

MUSIQUE LIVE

37 PLAN P. 56, D1

Ce petit bar blues a tout de la bonne adresse de quartier : de nombreux habitués, de la bière fraîche et un excellent groupe attitré qui joue dès 22h des morceaux qui réchauffent le cœur. Tout le monde se connaît, alors faites-vous des amis. (www.facebook.com/adhere13thbluesbar ; 13 Th Samsen ; 18h-minuit ; Phra Athit/Banglamphu Pier)

Brown Sugar

MUSIQUE LIVE

38 PLAN P. 56, F3

Vous trouverez cette institution de la musique live dans une *shophouse* pareille à une grotte. La musique, de la funk au jazz, commence à 20h quasiment tous les soirs et attire une foule de Bangkokiens, surtout le week-end. (www.brownsugarbangkok.com ; 469 Th Phra Sumen ; 17h-1h mar-jeu et dim, 17h-2h ven-sam ; *klorng*-taxi jusqu'à Phanfa Leelard Pier, Phra Athit/Banglamphu Pier)

jazz happens!

MUSIQUE LIVE

39 PLAN P. 56, B2

Lié à l'université de Silpakorn, la plus célèbre école d'art de Thaïlande, jazz happens! est une scène accueillant les

Étal dans Th Khao San (p. 61)

NANTPIPAT VUTTHISAK/SHUTTERSTOCK ©

Shopping sacré

Thanon Bamrung Meuang (ถนนบำรุงเมือง ; plan p. 57, F6 ; Th Bamrung Meuang ; 9h-18h ; *klorng*-taxi jusqu'à Phanfa Leelard Pier) – l'une des plus vieilles rues de Bangkok et, à l'origine, une voie qu'empruntaient les éléphants pour rejoindre le Grand Palais – est bordée, entre Th Mahachai et Th Tanao, d'échoppes vendant toutes sortes d'articles religieux bouddhiques. Dans les arrière-boutiques, les ateliers fabriquent des bouddhas géants en bronze pour les *wat* de tout le pays. Certes, vous n'avez sans doute pas besoin d'une statue du Bouddha ou de celle d'un illustre moine grandeur nature, mais c'est amusant à regarder (et ça ne peut pas faire de mal à votre karma).

jeunes talents musicaux. Avec 4 artistes presque tous les soirs et un vaste choix d'en-cas, on y passe un excellent moment. (www.jazzhappens.org ; 62 Th Phra Athit ; 19h-1h ; ; Phra Athit/ Banglamphu Pier)

Shopping

Marché de Thanon Khao San — CADEAUX ET SOUVENIRS

40 PLAN P. 56, C3

La principale rue des *guesthouses* de Banglamphu est aussi un gigantesque bazar à ciel ouvert, où les *backpackers* trouveront tout ce qu'il leur faut, de jour comme de nuit : T-shirts à messages, MP3 piratés, vêtements en chanvre, cartes d'étudiants falsifiées, vêtements de créateurs dernier cri, perches à selfie, jus d'orange et, bien sûr, grenouilles en bois coassantes. (Th Khao San ; 10h-minuit ; Phra Athit/ Banglamphu Pier)

Heritage Craft — ART ET ARTISANAT

41 PLAN P. 56, C6

De l'artisanat avec un sens éthique : cette nouvelle boutique est une superbe vitrine pour les articles domestiques de belle qualité de **ThaiCraft** (www. thaicraft.org ; niveau inférieur, Jasmine City Bldg, angle Soi 23 et Th Sukhumvit ; M Sukhumvit sortie 2, S Asok sortie 3), dont certains sont produits dans le respect des règles du commerce équitable. On y trouve entre autres des soies du nord-est de la Thaïlande, des paniers du sud et des bijoux du nord. Agréable café sur place. (35 Th Bamrung Meuang ; 11h-18h lun-ven ; *klorng*-taxi jusqu'à Phanfa Leelard Pier)

Mowaan — SANTÉ ET BIEN-ÊTRE

42 PLAN P. 56, D6

S'appuyant sur une expérience de près d'un siècle, cette marque fabrique des pastilles pour la gorge, des inhalateurs, des huiles et des baumes utilisés en médecine traditionnelle thaïlandaise. Même si vous êtes en bonne santé, une visite de la salle d'exposition parfaitement conservée en l'état est un voyage dans le temps. (www.mowaan.com/en ; 9 Soi Thesa ; 9h-17h ; *klorng*-taxi jusqu'à Phanfa Leelard Pier)

Lofty Bamboo ART ET ARTISANAT

43 PLAN P. 56, D3

Pas le temps d'aller dans le nord de la Thaïlande ? Ce n'est pas un problème. Dans cette boutique, vous trouverez les vêtements colorés inspirés des ethnies montagnardes, les articles textiles et l'artisanat vendus sur les marchés de Chiang Mai et Chiang Rai. Cerise sur le gâteau : tout achat permet de favoriser l'indépendance économique des villages de l'intérieur des terres. (rdc, Buddy Lodge, 265 Th Khao San ; 10h30-20h ; Phra Athit/Banglamphu Pier)

Nittaya Curry Shop ÉPICERIE

44 PLAN P. 56, C2

Laissez-vous guider par votre odorat : Nittaya est célèbre dans toute la Thaïlande pour ses pâtes de curry relevées et de grande qualité. Choisissez 2 ou 3 bocaux en vue de vos prochains dîners, ou bien musardez dans les rayons en-cas et cadeaux, où les Thaïlandais de passage à Bangkok font le plein de spécialités à rapporter à leurs amis et famille en province. (136-40 Th Chakraphatdi Phong ; 9h-19h lun-sam ; Phra Athit/Banglamphu Pier)

Taekee Taekon ART ET ARTISANAT

45 PLAN P. 56, B1

Cette échoppe pleine de charme propose un bon choix de textiles venus des grandes régions séricicoles du pays, en particulier du Nord, ainsi que des cartes postales comme on n'en voit guère ailleurs. (118 Th Phra Athit ; 9h-17h lun-sam ; Phra Athit/Banglamphu Pier)

Vaut le détour

Parc du palais Dusit

De son premier voyage en Europe, en 1897, Rama V (roi Chulalongkorn, r. 1868-1910) rentra au pays la tête remplie d'images de châteaux et entreprit de s'inspirer de ces lointains styles architecturaux pour en créer une forme thaïlandaise : ce fut le parc du palais Dusit. Aujourd'hui, le roi possède une autre résidence, et ce parc abrite un musée et des collections culturelles.

วังสวนดุสิต

Bordé par Th Ratchawithi, Th U Thong Nai et Th Nakhon Ratchasima

Adulte/enfant 100/20 B, gratuit avec un billet pour le Grand Palais

9h30-16h mar-dim

Thewet Pier, S Phaya Thai sortie 2 et taxi

Lors de notre passage, le parc du palais Dusit était fermé pour rénovation. Il devrait rouvrir courant 2018 ; renseignez-vous à la billetterie du Grand Palais.

Palais Vimanmek

Bâti en 1868 sur l'île de Ko Si Chang, puis installé à son emplacement actuel en 1910, le palais Vimanmek (photo ci-contre), avec ses 81 pièces, salles et antichambres, serait la plus grande demeure en teck du monde, construite, dit-on, sans aucun clou. Obligatoires et d'une durée d'une heure environ, les visites guidées (en anglais) partent toutes les demi-heures de 9h45 à 15h15.

Musée des Tissus anciens

La splendide collection royale de soieries et de cotonnades traditionnelles.

Salle du trône Abhisek Dusit

Construite en 1904 pour Rama V, la salle du trône illustre l'architecture raffinée de l'époque. Des fioritures d'influence victorienne se mêlent à des portiques mauresques pour créer une étonnante façade, typiquement thaïlandaise.

Musée des Éléphants royaux

Ce musée est constitué de deux vastes étables qui abritaient jadis trois éléphants blancs – les animaux albinos, considérés comme un heureux présage, devenaient automatiquement propriétés de la couronne.

★ À savoir

- L'entrée du parc du palais Dusit est incluse dans le billet du Grand Palais.
- Le parc du palais Dusit étant une propriété royale, les visiteurs doivent porter des pantalons (pas de pantacourts) ou des jupes longues et des hauts à manches longues.

Une petite pause ?

- Si vous vous trouvez dans le parc du palais Dusit à l'heure du déjeuner, rendez-vous à **Likhit Kai Yang** (près de Th Ratchadamnoen Nok, enseigne en thaï ; plats 50-300 B ; 9h-21h ; ; S Phaya Thai sortie 3 et taxi) pour l'un des meilleurs poulets grillés de la ville.
- Le soir, offrez-vous une bière artisanale ou un cocktail alcoolisé à la glace à **Hazel's Ice Cream Parlor & Fine Drinks** (www.facebook.com/HazelsParlor ; 171 Th Chakraphatdi Phong ; 17h-23h mar-sam, midi-23h dim ; S Phaya Thai sortie 3 et taxi).

ไชน่าทาวน์ สกาล่า
CHINA TOWN SCALA
魚翅 - 燕窩
SHARK'S FIN - BIRD'S NEST
中國城
銀都魚翅酒樓
海外天魚翅酒樓
SEAFOOD
Hotel Royal
Bangkok • Chinatown
16

Explorer Chinatown

Chinatown incarne tout ce que Bangkok a de frénétique, de bruyant et de pollué, mais c'est aussi ce qui rend le quartier si fascinant. Ses principaux atouts – le Wat Traimit (Bouddha d'Or) et les rues commerçantes – méritent votre attention, mais prévoyez assez de temps pour vous promener parmi les bijouteries éclairées au néon, les temples dissimulés, les boutiques délabrées et les minuscules ruelles.

Arrivez tôt, avant les bus de touristes, au Wat Traimit (p. 78), puis traversez le marché effervescent dans Talat Mai (p. 84) pour gagner le Wat Mangkon Kamalawat (p. 84). Dirigez-vous ensuite vers Phahurat et déjeunez au Royal India (p. 89). En début de soirée, Chinatown s'anime : c'est l'heure idéale pour suivre notre promenade gourmande (p. 80). Après le dîner, admirez la vue sur le Mae Nam Chao Phraya depuis le bar sur le toit de River Vibe (p. 91). Terminez la soirée au marché aux fleurs nocturne de Pak Khlong Talat.

Comment y aller et circuler

Hua Lamphong, la station de MRT (métro) la plus proche, se situe à environ 1 km de nombreux sites, donc vous devrez prévoir une longue marche ou une brève course en taxi. Une autre solution consiste à prendre le Chao Phraya Express Boat jusqu'à l'arrêt Ratchawong Pier, d'où une courte marche conduit à la plupart des restaurants ; quelques efforts de plus vous mèneront aux principaux sites.

MRT Hua Lamphong.

Chao Phraya Express Boat Marine Department Pier, Ratchawong Pier, Saphan Phut/Memorial Bridge Pier et Pak Khlong Talat Pier.

Carte de Chinatown p. 82

Th Yaowarat, la rue principale de Chinatown KRIANG KAN/SHUTTERSTOCK ©

Les incontournables

Wat Traimit (Bouddha d'Or)

Le Wat Traimit, aussi connu sous le nom de temple du Bouddha d'Or, sert d'écrin à la plus grande statue en or qui existe dans le monde : un étincelant Bouddha de 5,5 tonnes et 3 mètres de haut, au passé mystérieux. La statue daterait du XIIIe siècle – mais qui sait combien de vies antérieures elle a connues ?

PLAN P. 82, G4

วัดไตรมิตร, temple du Bouddha d'Or

Th Mittaphap Thai-China

100 B

8h-17h

Ratchawong Pier,
M Hua Lamphong sortie 1

Bouddha d'Or

Cette statue en or de l'Éveillé est le fleuron du Wat Traimit. Placée au 4e étage de l'imposant édifice de marbre du temple, elle fut "découverte" il y a une soixantaine d'années sous un revêtement de stuc ou de plâtre, qui se brisa lors de son déplacement. Cette enveloppe fut sans doute ajoutée pour la protéger des maraudeurs à la fin de la période Sukhothai, ou plus tard pendant la période Ayuthaya, quand la cité était assiégée par les Birmans. Le temple daterait du début du XIIIe siècle.

Phra Maha Mondop

Ce bâtiment a été construit en 2009 pour accueillir la statue du Bouddha. Associant marbre, balustrades de style chinois et toit très incliné à la thaïlandaise, il est l'un des points culminants de Chinatown, et sa flèche dorée est visible de loin. Il est entouré d'une étroite bande de pelouse arrosée par brumisation.

Yaowarat Chinatown Heritage Center

Au 3e niveau du Phra Maha Mondop, ce **musée** (ศูนย์ประวัติศาสตร์เยาวราช ; 100 B ; 8h-17h mar-dim), assez modeste mais séduisant, présente des expositions multimédias sur l'immigration chinoise en Thaïlande et sur l'histoire de Chinatown. On apprécie les dioramas miniatures sur la culture sino-thaïlandaise.

Exposition Phra Bouddha Maha Suwanna Patimakorn

Extension du Yaowarat Chinatown Heritage Center, cette **exposition** (นิทรรศการพระพุทธมหาสุวรรณปฏิมากร ; 8h-17h mar-dim), au 2e niveau, retrace la fabrication, la découverte et l'installation de la statue du Bouddha au Wat Traimit. Pour tout savoir sur l'art et la manière de fabriquer (et de déplacer) une statue en or de 5,5 tonnes.

★ À savoir

- Le Wat Traimit est à quelques minutes de marche de la station de métro (MRT) Hua Lamphong.
- Ne passez pas à côté des deux intéressants musées – fermés le lundi – situés dans la même construction que le Bouddha d'Or.

Une petite pause ?

Dans le même complexe, juste à l'est de la statue du Bouddha, une structure couverte, que rien ne signale, abrite la Khun Yah Cuisine (p. 87), sans prétention, mais qui fait d'excellents plats de nouilles et curries thaïlandais du Centre. Il n'y a pas de carte : il suffit de montrer ce qui vous tente et de venir avant midi.

Promenade gourmande à Chinatown

Chinatown est une ode à la cuisine de rue, donc l'endroit idéal pour un parcours gastronomique. Si de nombreux stands sont ouverts tard, les plus prisés sont vite dévalisés : c'est de 19h à 21h que le moment est le plus propice. Ne vous lancez pas dans cet itinéraire le lundi, la plupart des stands étant alors fermés. Notez que beaucoup n'ont pas d'enseigne en alphabet latin.

La promenade

Départ Nai Mong Hoi Thod ; Tha Ratchawong, M Hua Lamphong sortie 1 et taxi

Arrivée Shanghai Terrace ; Tha Ratchawong, M Hua Lamphong sortie 1 et taxi

Distance 1,5 km

Durée 2 à 3 heures

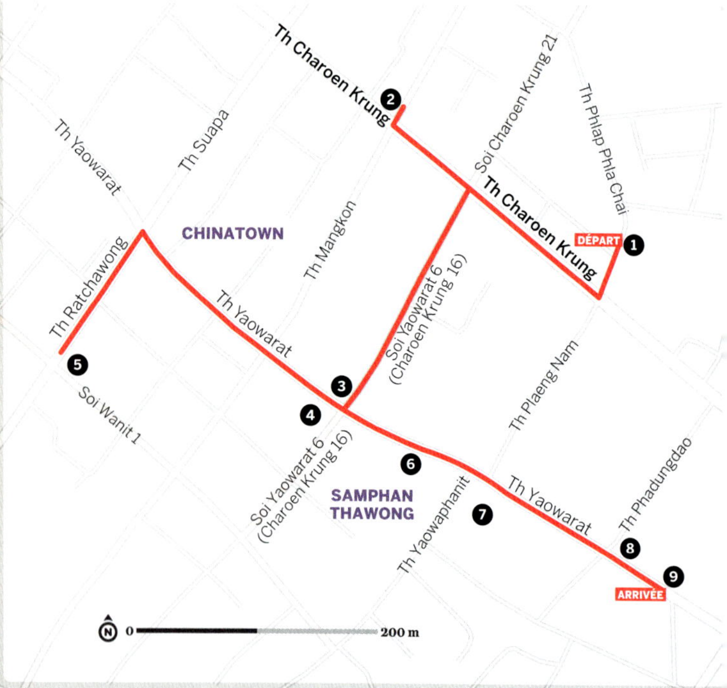

❶ Nai Mong Hoi Thod

En partant du croisement entre Th Plaeng Nam et Th Charoen Krung, avancez vers le nord sur Th Phlap Phla Chai, pour tomber sur **Nai Mong Hoi Thod** (plats 50-70 B ; 17h-22h mar-dim) et ses délicieuses *hŏy tôrt* (moules ou huîtres frites en beignet).

❷ Jék Pûi

Retournez sur vos pas et prenez à droite dans Th Charoen Krung. Au niveau de Th Mangkon, prenez encore à droite. À votre gauche, le **stand** (plats à partir de 30 B ; 16h-20h mar-dim) sans tables est réputé pour ses curries thaïlandais de style chinois, assez doux.

❸ *Gŏo·ay đĕe·o kôo·a gài*

De retour sur Th Charoen Krung, prenez à gauche vers l'est, jusqu'au Soi 16 (aussi appelé Trok Itsaranuphap). Au bout de la ruelle, on trouve des ***gŏo·ay đĕe·o kôo·a gài*** (Soi 6, Th Yaowarat ; plats à partir de 30 B ; 17h-22h mar-dim), de grosses nouilles de riz sautées dans de l'huile aillée avec du poulet et un œuf.

❹ Nay Lék Ûan

Traversez Th Yaowarat et entrez dans le marché installé en face. Le premier **vendeur** (Soi Yaowarat 11 ; plats à partir de 40 B ; 17h-minuit) sur la droite vend du *gŏo·ay jáp nám săi*, un bouillon très poivré aux nouilles de riz et abats de porc.

❺ Phat Thai Ratchawong

Continuez vers l'ouest dans Th Yaowarat. Prenez à gauche dans Th Ratchawong, où un **stand** (plats à partir de 30 B ; 19h-23h mar-dim) tenu par un couple sino-thaïlandais propose une version unique du *pàt tai* – le plat national – sauté sur du charbon de bois et servi dans des bols en feuille de bananier.

❻ Mangkorn Khŏw

Revenez par Th Yaowarat jusqu'à l'angle de Th Yaowaphanit, où un **stand de rue** (plats à partir de 50 B ; 18h-minuit mar-dim) vend des *bà·mèe*, des nouilles de blé chinoises au crabe ou au porc grillé.

❼ *Bou·a loy nám kĭng*

Voisin du Mangkorn Khŏw, un **stand** (plats à partir de 30 B ; 17h-23h mar-dim ;) sans enseigne prépare de bons *bou·a loy nám kĭng* (raviolis à la pâte de sésame servis dans un bouillon épicé au gingembre).

❽ Étals de fruits de mer

Traversez Th Yaowarat et continuez vers l'est jusqu'au croisement avec Th Phadungdao, où vous ne pourrez pas manquer **Lek & Rut** et **T&K** (p. 89), deux stands de fruits de mer quasiment identiques et très populaires.

❾ Shanghai Terrace

Continuez vers l'est le long de Th Yaowarat jusqu'à atteindre le Shanghai Mansion Hotel. Au 2e étage, vous trouverez **Shanghai Terrace** (rdc, Shanghai Mansion, 479-481 Th Yaowarat ; 18h-23h), un bar jazz intemporel et agréablement climatisé, qui marquera la fin de votre balade.

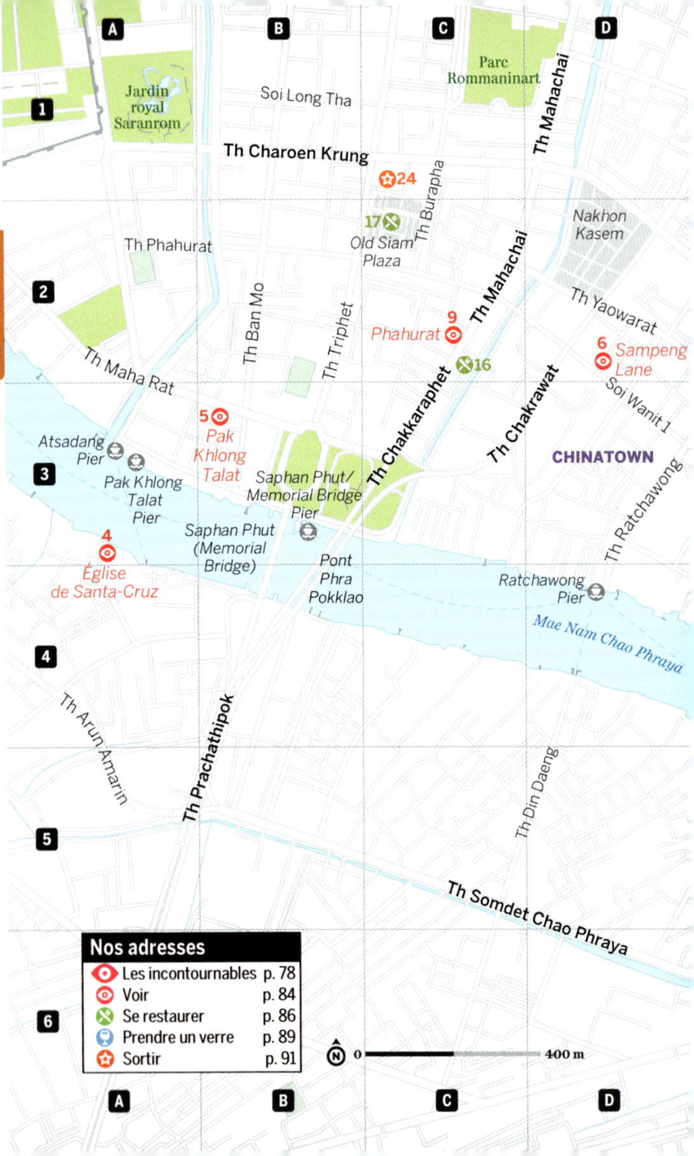
A
B
C
D
1
2
3
4
5
6
Jardin royal Saranrom
Soi Long Tha
Parc Rommaninart
Th Mahachai
Th Charoen Krung
24
17
Th Burapha
Old Siam Plaza
Nakhon Kasem
Th Phahurat
Th Ban Mo
Th Triphet
Th Mahachai
Th Yaowarat
9
Phahurat
16
6
Sampeng Lane
Th Maha Rat
Soi Wanit 1
5
Pak Khlong Talat
Th Chakkaraphet
Th Chakrawat
CHINATOWN
Atsadang Pier
Pak Khlong Talat Pier
Saphan Phut/ Memorial Bridge Pier
Th Ratchawong
4
Église de Santa-Cruz
Saphan Phut (Memorial Bridge)
Pont Phra Pokklao
Ratchawong Pier
Mae Nam Chao Phraya
Th Arun Amarin
Th Prachathipok
Th Din Daeng
Th Somdet Chao Phraya
Nos adresses
Les incontournables p. 78
Voir p. 84
Se restaurer p. 86
Prendre un verre p. 89
Sortir p. 91
0
400 m

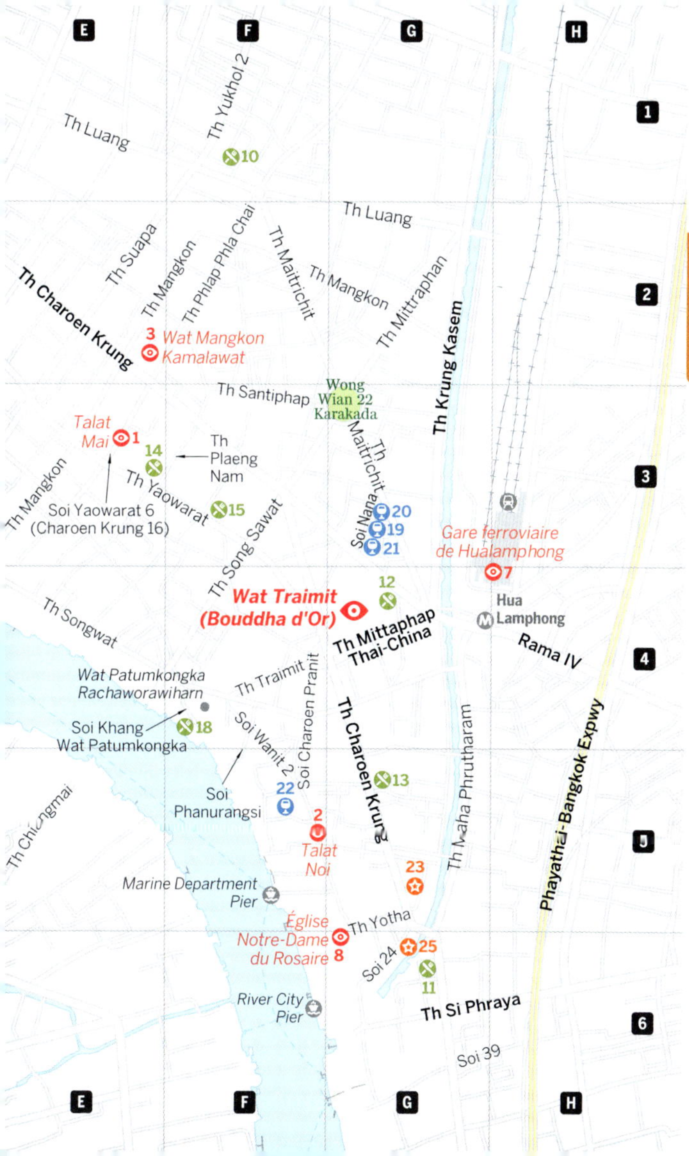
E
F
G
H
1
2
3
4
5
6
Th Luang
Th Yukhol 2
10
Th Luang
Th Suapa
Th Mangkon
Th Phlap Phla Chai
Th Maitrichit
Th Mangkon
Th Mittraphan
Th Charoen Krung
3 Wat Mangkon Kamalawat
Th Krung Kasem
Th Santiphap
Wong Wian 22 Karakada
Talat Mai 1
14
Th Plaeng Nam
Th Maitrichit
Th Mangkon
Th Yaowarat
Soi Yaowarat 6 (Charoen Krung 16)
15
Soi Nana
20
19
21
Th Song Sawat
Gare ferroviaire de Hualamphong
7
12
Wat Traimit (Bouddha d'Or)
Hua Lamphong
Th Songwat
Th Mittaphap Thai-China
Rama IV
Wat Patumkongka Rachaworawiharn
Th Traimit
Soi Charoen Pranit
Soi Khang Wat Patumkongka
18
Soi Wanit 2
Th Charoen Krung
Th Maha Phrutharam
Phayathai-Bangkok Expwy
13
Soi Phanurangsi
22
2
Talat Noi
23
Marine Department Pier
Église Notre-Dame du Rosaire 8
Th Yotha
Soi 24
25
11
River City Pier
Th Si Phraya
Soi 39

Voir

Talat Mai

MARCHÉ

1 PLAN P. 82, E3

Fondé il y a près de 2 siècles, le Nouveau Marché ne justifie plus vraiment son nom. Marché le plus typiquement chinois de Bangkok, sinon de Thaïlande, ses produits non périssables, assaisonnements, épices et autres sauces sembleront familiers à quiconque a déjà passé quelque temps en Chine. L'ambiance survoltée (attention aux motos qui zigzaguent entre les passants) et les parfums exotiques constituent une expérience sensorielle inoubliable. (ตลาดใหม่ ; Soi Yaowarat 6/Charoen Krung 16 ; 6h-18h ; Ratchawong Pier, M Hua Lamphong sortie 1 et taxi)

Talat Noi

QUARTIER

2 PLAN P. 82, F5

Cet entrelacs de *soi* doit son nom à un petit (*nóy*) marché (*đà·làht*) qui s'installe entre Soi 22 et Soi 20, en retrait de Th Charoen Krung. En vous baladant, vous découvrirez des *soi* pareils à des ruisseaux, qui tournent sur eux-mêmes et serpentent entre les boutiques de nouilles, les garages pleins de cambouis et les salons des habitants. (ตลาดน้อย ; près de Th Charoen Krung ; 7h-19h ; Marine Department Pier)

Baguettes de divination

Dans les temples chinois, vous verrez les fidèles secouer des pots contenant des baguettes appelées *si·am si*. Vous pouvez en faire autant : quand une baguette tombe au sol, regardez son numéro et trouvez le papier correspondant : vous y lirez (en thaï, chinois ou anglais) un avis, non sans intérêt, sur votre avenir.

Wat Mangkon Kamalawat

TEMPLE BOUDDHIQUE

3 PLAN P. 82, E2

Des nuages d'encens et de mantras composent l'ambiance de ce temple bouddhique mahayana de style chinois. Autour du sanctuaire, des vendeurs proposent de la nourriture à laisser en offrande pour les dieux – raviolis à la vapeur en forme de lotus et oranges. Érigé en 1871, il s'agit du plus grand et du plus important édifice religieux du quartier. Les activités y sont particulièrement soutenues durant le **Festival végétarien** (sept ou oct) annuel. (วัดมังกรกมลาวาส ; angle Th Charoen Krung et Th Mangkon ; entrée libre ; 6h-18h ; Ratchawong Pier, M Hua Lamphong sortie 1 et taxi)

Église de Santa-Cruz

ÉGLISE

4 PLAN P. 82, A3

Des siècles avant que Sukhumvit devienne le quartier international de Bangkok, les Portugais assirent leur domination parmi les *fa·ràng* (Occidentaux) sur une parcelle au bord du fleuve qui leur avait été donnée par le roi Taksin afin de les remercier pour leur soutien après la chute d'Ayuthaya. Située à cet emplacement, l'église de Santa-Cruz date de 1913. (โบสถ์สังตาครูส ; Soi Kuti Jiin ; 7h-12h sam-dim ; ferry fluvial depuis Atsadang Pier)

Pak Khlong Talat

MARCHÉ

5 PLAN P. 82, B3

Depuis 2016, le célèbre marché aux fleurs de Bangkok, qui se tenait jadis dans la rue, a été déplacé dans un bâtiment. Sur les marchés et dans les *shophouses* bordant Th Chakkaraphet, vous verrez encore des montagnes d'orchidées, des rangées de roses et des brassées d'œillets, mais l'ambiance n'est plus aussi exaltante que dans le passé. Le mieux est de venir tard le soir, quand les fleurs arrivent de l'arrière-pays. (ปากคลองตลาด, marché aux fleurs ; Th Chakkaraphet ; 24h/24 ; Pak Klong Taladd Pier, Saphan Phut/Memorial Bridge Pier)

Sampeng Lane

MARCHÉ

6 PLAN P. 82, D2

Soi Wanit 1 – communément appelé Sampeng Lane – est une ruelle parallèle à Th Yaowarat, qui traverse les zones commerciales de Chinatown et Phahurat. Le tronçon de Sampeng Lane situé dans Chinatown est jalonné de grossistes vendant accessoires pour les cheveux, stylos, autocollants, articles pour la maison et autres bibelots. Près de Th Chakrawat, les boutiques de pierres et de bijoux sont nombreuses. Le week-end,

Hisser le drapeau jaune

Tous les ans en septembre-octobre, Chinatown est le haut lieu d'une grande Fête végétarienne. Les festivités se concentrent dans l'artère principale du quartier, Th Yaowarat, et dans Talat Noi, mais un peu partout dans Bangkok, boutiques et étals lèvent aussi un drapeau jaune pour annoncer leur passage temporaire au végétarisme.

la foule est si dense qu'il est quasiment impossible de se faufiler entre les charrettes, motos et barrages routiers. (สำเพ็ง ; Soi Wanit 1 ; 8h-18h ; Ratchawong Pier, M Hua Lamphong sortie 1 et taxi)

Gare ferroviaire de Hualamphong

ÉDIFICE HISTORIQUE

7 PLAN P. 82, H4

À l'extrémité sud de Chinatown, la principale gare ferroviaire de Bangkok fut construite par des architectes et ingénieurs hollandais entre 1910 et 1916. (สถานีรถไฟหัวลำโพง ; près de Rama IV, M Hua Lamphong sortie 2)

Église Notre-Dame du Rosaire

ÉGLISE

8 PLAN P. 82, G6

Les marins portugais furent parmi les premiers Européens à établir des relations diplomatiques avec le Siam ; en échange de

Jour de repos des vendeurs de rue

La plupart des étals de nourriture de Bangkok sont fermés le lundi : ne prévoyez donc pas de manger ce jour-là à Chinatown, où la cuisine de rue domine.

leur influence sur le royaume, ils reçurent des parcelles au bord du fleuve. En 1787, quand un groupe de Portugais le traversa pour s'installer dans l'actuel Talat Noi, à Chinatown, un terrain leur fut offert où ils bâtirent l'église Notre-Dame du Rosaire, appelée Wat Kalawan en thaï, d'après le "*Calvario*" (Calvaire) portugais. (วัดแม่พระลูกประคำกาลหว่าร์ ; angle Th Yotha et Soi Charoen Phanit ; messe en thaï 19h30 lun-sam, 8h, 10h et 19h30 dim ; Marine Department Pier)

Phahurat

QUARTIER

9 PLAN P. 82, C2

Des milliers de commerçants d'Asie du Sud sont installés dans la très animée Little India de Bangkok. Vous y trouverez de tout, des films Bollywood aux bindis, proposés par des vendeurs toujours enthousiastes. Il est très agréable de se balader dans le quartier et de s'arrêter en chemin pour un *masala chai* (thé au lait) et des sucreries du Pendjab. L'activité se concentre dans le Soi ATM (non indiqué) qui s'étend le long du vaste centre commercial **India Emporium** (10h-22h). (พาหุรัด ; Th Chakkaraphet ; 9h-17h ; Saphan Phut/Memorial Bridge Pier, Pak Klong Taladd Pier)

Se restaurer

Nay Hong

CUISINE DE RUE $

10 PLAN P. 82, F1

Votre récompense pour avoir déniché ce petit restaurant caché : certaines des meilleures nouilles frites de Bangkok – *gŏo·ay đěe·o kôo·a gài* (nouilles de riz plates frites avec de l'huile à l'ail, du poulet et des œufs). Ni menu ni enseigne en anglais. Pour trouver Nay Hong, dirigez-vous vers le nord depuis l'angle entre Th Suapa et Th Luang, puis tournez à droite dans la première rue secondaire ; l'établissement se situe au bout de l'allée étroite. (près de Th Yukol 2 ; plats 35-50 B ; 16h-22h ; Ratchawong Pier, M Hua Lamphong sortie 1 et taxi)

80/20

INTERNATIONAL $$

11 PLAN P. 82, G6

Ne parlons pas de fusion, mais soulignons que 80/20 mêle brillamment des ingrédients et des plats thaïlandais et occidentaux, pour un résultat tout à fait unique. Les desserts, qui comportent souvent une touche salée, sont l'œuvre du chef pâtissier japonais et méritent à eux seuls une visite. Un élan créatif bienvenu dans le paysage culinaire assez conservateur de Chinatown. (02 639 1135 ; www.facebook.com/8020bkk ; 1052-1054 Th Charoen

Krung ; plats à partir de 240 B ; 18h-minuit mer-lun ; ; Ratchawong Pier, M Hua Lamphong sortie 1)

Khun Yah Cuisine
THAÏLANDAIS $

12 PLAN P. 82, G4

Stratégiquement situé pour un déjeuner après avoir visité le Wat Traimit (Bouddha d'Or), Khun Yah est spécialiste des savoureux curries, condiments, légumes sautés et plats de nouilles du centre de la Thaïlande. Venez tôt car de nombreuses spécialités sont en rupture de stock dès midi. Ni enseigne ni menu en anglais ; Khun Yah est situé juste à l'est du Bouddha d'Or, dans le même ensemble de bâtiments. (près de Th Mittaphap Thai-China, plats à partir de 40 B ; 6h-13h30 lun-ven ; Ratchawong Pier, M Hua Lamphong sortie 1)

Fou de Joie
FRANÇAIS $$

13 PLAN P. 82, G5

Le cadre évoque le caractère rétro de Hong Kong et on se croirait dans un film de Wong Kar-wai. Pour autant, les crêpes et les plateaux de fromage à la française – ainsi que le barbecue à l'étage – ne sont pas de simples décors : un vrai régal, souvent d'un excellent rapport qualité/prix. (085 527 3511 ; 831 Soi 31, Th Charoen Krung ; plats à partir de 200 B ; 18h-minuit mer-dim ; ; Ratchawong Pier, M Hua Lamphong sortie 1)

Hoon Kuang
CHINOIS $$

14 PLAN P. 82, E3

Établi de longue date, ce restaurant sert la cuisine de rue de Chinatown dans une salle climatisée. Toutes

Repas en plein air, Th Yaowarat

L'influence chinoise

Par de nombreux aspects, Bangkok est aussi chinoise que thaïlandaise. La présence chinoise est même antérieure à la fondation de la ville, lorsque Thonburi Si Mahasamut n'était qu'un petit avant-poste chinois sur le Chao Phraya. Dans les années 1780, lors de la construction de la nouvelle capitale sous Rama Ier, des Chinois Hokkien, Teochiew et Hakka furent embauchés comme coolies et ouvriers. Ces derniers, ainsi que les entrepreneurs chinois, furent ensuite installés dans les quartiers de Yaowarat et Sampeng, qui forment l'actuelle Chinatown.

Un enracinement commercial

Sous le règne de Rama Ier, de nombreux Chinois s'enrichirent, contrôlant commerces et entreprises de Bangkok. Ils déclenchèrent, grâce au resserrement des liens commerciaux avec leur pays d'origine, une formidable expansion de l'économie en Thaïlande. Dans les années 1820, les Européens de passage s'étonnaient ainsi du nombre de navires de commerce chinois sur le Chao Phraya, allant pour certains jusqu'à croire les Chinois majoritaires à Bangkok.

Une nouvelle aristocratie

La prospérité de certaines familles commerçantes originaires de Chine leur permit de former l'une des premières élites thaïlandaises sans lien direct avec la monarchie. Appelés *jôw sŏo·a,* ces "seigneurs marchands" poursuivirent leur ascension en acceptant des postes officiels et des titres aristocratiques, mais aussi en mariant leurs filles à des membres de la famille royale. Rama V (roi Chulalongkorn, r. 1868-1910) eut ainsi un temps une épouse chinoise. On estime aujourd'hui que plus de la moitié de la population actuelle de Bangkok a des origines chinoises.

La fusion des cultures

Sous Rama III (roi Phra Nang Khlao, r. 1824-1851), la capitale thaïlandaise s'imprégna de nombreux éléments de la culture chinoise : cuisine, architecture, mode, littérature. L'influence grandissante de la culture chinoise associée à la multiplication des unions sino-thaïlandaises a fait qu'au milieu du XXe siècle, il devenait difficile de différencier les Chinois de leurs voisins siamois.

les spécialités sont affichées sur la porte, mais ne manquez pas le "curry de crevettes aux nouilles de riz plates", qui combine 2 plats sino-thaïlandais – crevettes au curry et nouilles sautées. Une association rare et délicieuse ! (381 Th Yaowarat ; plats 90-240 B ; 11h-19h45 lun-sam ; ; Ratchawong Pier, M Hua Lamphong sortie 1 et taxi)

Étals de produits de la mer de Thanon Phadungdao

CUISINE DE RUE $$

15 PLAN P. 82, F3

Après le crépuscule, 2 restaurants en plein air se faisant face font griller poissons et crustacés dans un joyeux désordre. Installez-vous à l'une des tables qui encombrent les trottoirs parmi les serveurs qui attirent le chaland. Si la plupart des clients sont des touristes étrangers, l'ambiance reste chaleureuse et l'addition raisonnable. (angle Th Phadungdao et Th Yaowarat ; plats 100-600 B ; 16h-minuit mar-dim ; Ratchawong Pier, M Hua Lamphong sortie 1 et taxi)

Royal India

INDIEN $$

16 PLAN P. 82, C2

Ce petit restaurant qui figure dans toutes nos éditions demeure la table la plus fiable de Little India. Goûtez les succulents pains, les généreux curries et n'oubliez pas de terminer par un dessert du Pendjab fait maison. (392/1 Th Chakkaraphet ; plats 135-220 B ; 10h-22h ; ; Saphan Phut/Memorial Bridge Pier, Pak Klong Taladd Pier)

Old Siam Plaza

CONFISERIES $

17 PLAN P. 82, C2

Les accros au sucre ne manqueront pas cette adresse. Au rez-de-chaussée de ce centre commercial, d'innombrables sucreries et en-cas thaïlandais traditionnels seront concoctés sous vos yeux. (angle Th Phahurat et Th Triphet ; plats 30-90 B ; 10h-19h ; ; Saphan Phut/Memorial Bridge Pier, Pak Klong Taladd Pier)

Samsara

NIPPO-THAÏLANDAIS $$

18 PLAN P. 82, F4

Plats japonais et thaïlandais, bières belges et ambiance rétro/bohème font du Samsara l'un des restaurants les plus éclectiques de Chinatown. Tout est délicieux, avec en prime une brise agréable et une superbe vue sur le fleuve. L'établissement se trouve au bout du minuscule Soi Khang Wat Pathum Khongkha, juste à l'ouest du temple éponyme. (Soi Khang Wat Pathum Khongkha ; plats 110-320 B ; 16h-minuit mar-jeu, 16h-1h ven-dim ; ; Ratchawong Pier, M Hua Lamphong sortie 1 et taxi)

Prendre un verre

Tep Bar

BAR

19 PLAN P. 82, G3

Nous n'aurions jamais cru dénicher un bar aussi sophistiqué – mais également amusant – à Chinatown. Le Tep sort définitivement du lot avec sa décoration contemporaine aux influences locales, ses savoureux cocktails maison, ses en-cas et ses concerts de musique thaïlandaise du jeudi au dimanche. (www.facebook.com/tepbarbkk ; 69-71 Soi Nana ; 17h-minuit mar-dim ; M Hua Lamphong sortie 1)

Ba Hao

BAR

20 PLAN P. 82, G3

A priori, cette *shophouse* restaurée dans le style chinois rétro et située dans Soi Nana n'a rien de très original, mais la bière artisanale, les cocktails inventifs et les en-cas chinois vraiment excellents (ne manquez pas les crêpes chinoises garnies de poitrine de porc braisée, fines herbes et œuf frit) en font une adresse chaleureuse. (www.ba-hao.com ; 8 Soi Nana ; 18h-minuit mar-dim ; Ratchawong Pier, M Hua Lamphong sortie 1)

Pijiu Bar

BAR

L'Occident de jadis rencontre la Shanghai d'autrefois dans ce bar récent à l'atmosphère classique, situé près du Ba Hao (voir 20 plan p. 82, G3). Ici, le houblon est à l'honneur (*pijiu* signifie "bière" en chinois) avec une sélection tournante de 4 bières artisanales à la pression. Accompagnez-les d'une assiette de charcuterie (300 B) composée avec les meilleures viandes fumées et transformées de Chinatown. (www.facebook.com/pijiubar ; 16 Soi Nana ; 17h-minuit mar-dim ; Ratchawong Pier, M Hua Lamphong sortie 1)

Teens of Thailand

BAR

Sans doute le plus tendance des nouveaux bars de Soi Nana (voir 19 plan p. 82, G3). Faufilez-vous par la minuscule porte en bois de cette

Spectacle de *kŏhn*, forme traditionnelle de théâtre dansé, à Sala Chalermkrung

SERGI REBOREDO/ALAMY STOCK PHOTO ©

shophouse restaurée pour découvrir un intérieur évoquant un entrepôt, une atmosphère artistique et des barmans branchés servant des boissons originales à base de gin. (76 Soi Nana ; 19h-minuit mar-dim ; M Hua Lamphong sortie 1)

El Chiringuito

BAR

21 PLAN P. 82, G3

On vient dans ce bar à l'ambiance rétro pour la sangria, le gin et les en-cas espagnols ou les expositions d'art. Les heures d'ouverture étant aléatoires, vérifiez sur la page Facebook avant de vous y rendre. (086 340 4791 ; www.facebook.com/elchiringuitobangkok ; 221 Soi Nana ; 18h-minuit jeu-dim ; M Hua Lamphong sortie 1)

River Vibe

BAR

22 PLAN P. 82, F5

Les bars chics sur les toits sont au-dessus de vos moyens ? Qu'à cela ne tienne, la vue sur le fleuve depuis le toit de cette *guesthouse* n'a presque rien à leur envier. Nous vous suggérons toutefois d'aller dîner ailleurs. (8e ét, River View Guesthouse, près de Soi Charoen Phanit ; 19h30-23h ; Marine Department Pier, M Hua Lamphong sortie 1)

Sortir

SoulBar

MUSIQUE LIVE

23 PLAN P. 82, G5

Un quartier et un lieu inattendus pour de la musique live ! Pourtant, cette *shophouse* reconvertie accueille des concerts de blues, jazz et soul à partir de 21h presque tous les soirs. (www.facebook.com/livesoulbarbangkok ; 945 Th Charoen Krung ; 19h-minuit mar-dim ; Marine Department Pier, M Hua Lamphong sortie 1)

Sala Chalermkrung

THÉÂTRE

24 PLAN P. 82, C1

Institution de Bangkok, cet édifice Art déco – un ancien cinéma datant de 1933 – est l'un des rares endroits où l'on peut encore voir du *kŏhn* (les comédiens masqués interprètent des histoires du *Ramakien*, version thaïlandaise de l'épopée indienne du *Ramayana*). Ce théâtre dansé traditionnel s'accompagne ici de jeux de laser, d'un système audio high-tech et de sous-titres en anglais. La programmation inclut d'autres manifestations, dont des concerts : consultez le site Internet. (02 224 4499 ; www.salachalermkrung.com ; 66 Th Charoen Krung ; 800-1200 B ; spectacle 19h30 jeu-ven ; Saphan Phut/Memorial Bridge Pier, M Hua Lamphong sortie 1 et taxi)

Soy Sauce Factory

CENTRE D'ART

25 PLAN P. 82, G6

Cette ancienne fabrique de sauce soja a été transformée en galerie/espace événementiel/bar/studio photo... Consultez la page Facebook pour savoir ce qui se passe dans ce lieu artistique et polyvalent, très représentatif de la mutation actuelle de Chinatown. (www.facebook.com/soysaucefactory ; Soi 24, Th Charoen Krung ; 10h-19h mar-dim ; M Hua Lamphong sortie 1)

Promenade à pied

Chinatown secret

Dans ces quartiers méconnus de Chinatown en bordure du fleuve, un dédale de minuscules ruelles recèle nombre de demeures cachées et de sanctuaires qui semblent à l'abandon.

La promenade

Départ Notre-Dame du Rosaire ; Tha Si Phraya/River City

Arrivée Th Ratchawong ; Tha Ratchawong

Distance 3 km

Durée 2 à 3 heures

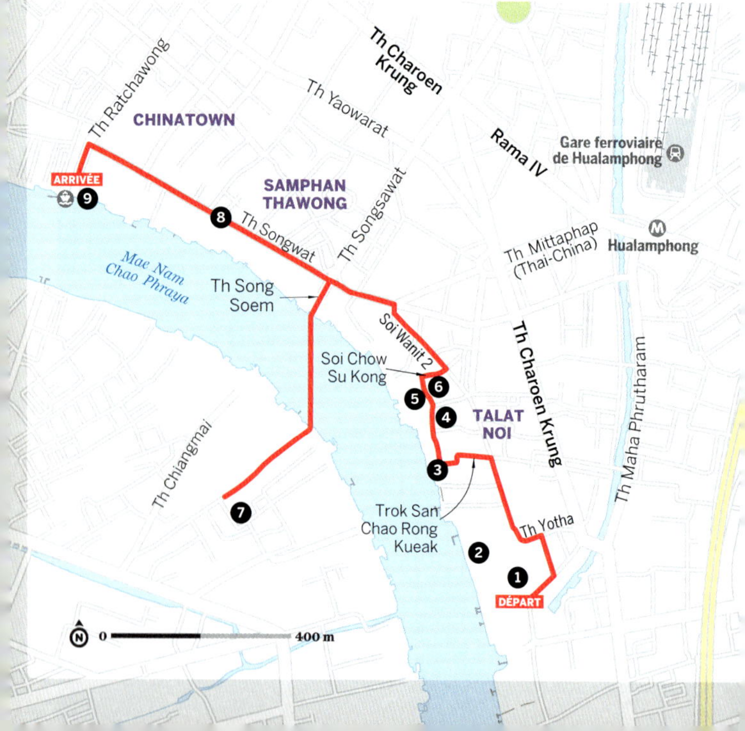

❶ Notre-Dame du Rosaire

Partez de **Notre-Dame du Rosaire**, érigée à l'origine sur un terrain attribué aux catholiques portugais en 1787. Son nom en thaï, Wat Kalawan, vient du portugais *Calvario* ("Calvaire"), le site de la crucifixion de Jésus. L'édifice actuel date de 1898.

❷ Siam Commercial Bank

Suivez Th Wanit 2 ; le bâtiment suivant est la **Siam Commercial Bank**, la première banque du pays (1910).

❸ San Chao Rong Kueak

Dépassez le Marine Department et tournez à gauche dans Trok San Chao Rong Kueak ; au bout de la ruelle se trouve le **sanctuaire chinois** éponyme, un lieu caché offrant une vue imprenable sur le fleuve.

❹ Maison de Jao Sua Son

Continuez sur le chemin longeant le fleuve et, au premier croisement, tournez à gauche vers le nord. Sur votre droite, vous verrez le mur d'enceinte de la **maison de Jao Sua Son**, de style chinois. Jao Sua Son était un "grand marchand". Aujourd'hui, le bâtiment abrite un centre de plongée.

❺ San Jao Sien Khong

Continuez vers le nord en passant devant un gigantesque banian. Au croisement suivant, tournez à gauche et suivez le chemin en direction du fleuve ; il vous mènera au **San Jao Sien Khong**, un grand sanctuaire chinois, très tranquille, hormis lors du Festival végétarien organisé chaque année.

❻ Talat Noi

En ressortant du sanctuaire côté nord, prenez à droite dans Soi Chow Su Kong, puis à gauche dans Soi Wanit 2 ; vous voilà au cœur des *shophouses* et des garages de **Talat Noi** (ตลาดน้อย ; plan p. 82, F5 ; près de Th Charoen Krung ; 7h-19h ; Marine Department Pier).

❼ Tha Wat Thong Thammachat

Prenez à droite dans Th Phanurangsi, puis à gauche dans Th Songwat. Après quelques pas vers le nord, tournez à gauche dans Th Song Soem ; cette ruelle débouche sur un minuscule embarcadère, non signalé. Prenez le ferry (5 B, 5h-21h) jusqu'au **Tha Wat Thong Thammachat**, juste à l'ouest duquel vous verrez un ensemble de *shophouses* de style chinois en partie enclos.

❽ Th Songwat

Retraversez le fleuve et longez vers l'ouest **Th Songwat** jalonné d'entrepôts et de *shophouses* délabrées.

❾ Ratchawong Pier

Prenez à gauche dans Th Ratchawong, qui vous mènera vers l'**embarcadère** du même nom et à la fin de notre balade.

SIAM DISCOVERY
Mercure HOTEL

Explorer

Siam Square, Pratunam, Phloen Chit et Ratchathewi

Siam Square, Pratunam et Phloen Chit constituent le quartier commerçant de Bangkok. Si vous êtes accro au shopping, consacrez la majeure partie de la journée à dépenser vos bahts dans ce secteur. Ratchathewi invite à découvrir l'ambiance faubourg de Bangkok.

Ne faites pas l'impasse sur la maison de Jim Thompson (p. 96), puis allez explorer les étages de boutiques du MBK Center (p. 111). À midi, accordez-vous une pause savoureuse au MBK Food Island (p. 103), avant de longer la Sky Walk (promenade surélevée) jusqu'au sanctaire Erawan (p. 102), en vous arrêtant dans plusieurs centres commerciaux (p. 111). Offrez-vous enfin un dîner chic au Gaa (p. 104) ou au Sra Bua by Kiin Kiin (p. 107).

Comment y aller et circuler

L'échangeur du BTS (Skytrain) de Siam fait de ce secteur animé le centre de la Bangkok moderne. À seulement quelques pâtés de maisons, les sites de Ratchathewi sont tous à distance de marche de l'arrêt Victory Monument du BTS. On peut les explorer en quelques heures.

S BTS Pour Siam Sq, Pratunam et Phloen Chit : Siam, National Stadium, Chit Lom, Phloen Chit et Ratchadamri. Pour Ratchathewi : Ratchathewi, Phaya Thai et Victory Monument.

Klorng-taxi Pour Siam Sq, Pratunam et Phloen Chit : Sapan Hua Chang Pier, Pratunam Pier et Wireless Pier. Pour Ratchathewi : Pratunam Pier.

Carte du quartier p. 98

Siam Discovery (p. 111) | VIEWFINDER/SHUTTERSTOCK ©

Les incontournables

Maison de Jim Thompson

En 1959, 12 ans après avoir à lui seul relancé le commerce de la soie thaïlandaise pour en faire une exportation extrêmement florissante, l'Américain Jim Thompson acheta une parcelle à côté de Khlong Saen Saeb pour s'y installer. Mais pas n'importe comment : sa passion pour les traditions thaïlandaises était telle qu'il acheta six maisons en teck pour les faire remonter dans son jardin.

PLAN P. 98, A2

เรือนไทยจิมทอมป์สัน

www.jimthompsonhouse.com

6 Soi Kasem San 2

Adulte/étudiant 150/100 B

9h-18h, visite obligatoire toutes les 20 minutes

klorng-taxi jusqu'à Sapan Hua Chang Pier, S National Stadium sortie 1

Propriété

À partir de ces six maisons, Thompson conçut une grande demeure aux pièces plus adaptées aux coutumes occidentales. L'Américain dérogea également à la tradition en inversant certaines façades, de sorte que les murs extérieurs soient à l'intérieur afin que l'on puisse en admirer les sculptures. Certaines de ces demeures furent rapportées de l'ancienne capitale royale d'Ayuthaya, d'autres démontées et acheminées par le canal.

Objets d'art du collectionneur

La collection d'objets d'art asiatiques de Thompson est modeste mais splendide. Elle comprend des porcelaines chinoises rares ainsi que des pièces birmanes, cambodgiennes et thaïlandaises. L'Américain avait par ailleurs un goût exquis pour des objets plus banals mais pleins de charme, tel ce labyrinthe à souris du XIXe siècle, en forme de maison miniature.

Jardins

Après la visite, attardez-vous dans les jardins luxuriants, agrémentés de bassins où nagent des poissons exotiques. Le site comprend aussi un café/restaurant et une boutique dédiée aux soieries de la marque Jim Thompson.

Jim Thompson Art Center

Sur place aussi, le **Jim Thompson Art Center** (9h-20h) est un musée proposant des expositions temporaires dédiées à des supports très variés ; la programmation récente incluait des contributions d'artistes tels que le réalisateur thaïlandais Apichatpong Weerasethakul, lauréat de la Palme d'or à Cannes en 2010.

Pour en savoir plus sur Jim Thompson, lire p. 101.

★ À savoir

- Méfiez-vous des rabatteurs, souvent très élégants, qui attendent dans le *soi* près de la maison de Jim Thompson : ils décrètent le musée fermé pour mieux vous embarquer dans une virée shopping aux fins douteuses.
- Obligatoire, la visite guidée est proposée notamment en français.
- Les photographies sont interdites dans tous les bâtiments.

Une petite pause ?

Sur place, le **Thompson Bar & Restaurant** (www.jimthompsonrestaurant.com ; plats 160-480 B ; 11h-17h et 18h-22h ; ; S National Stadium sortie 2) propose une cuisine thaïlandaise assez raffinée. Vous pouvez aussi vous rendre au MBK Food Island (p. 103), l'un des meilleurs espaces restauration de Bangkok, pour des spécialités thaïlandaises à petits prix.

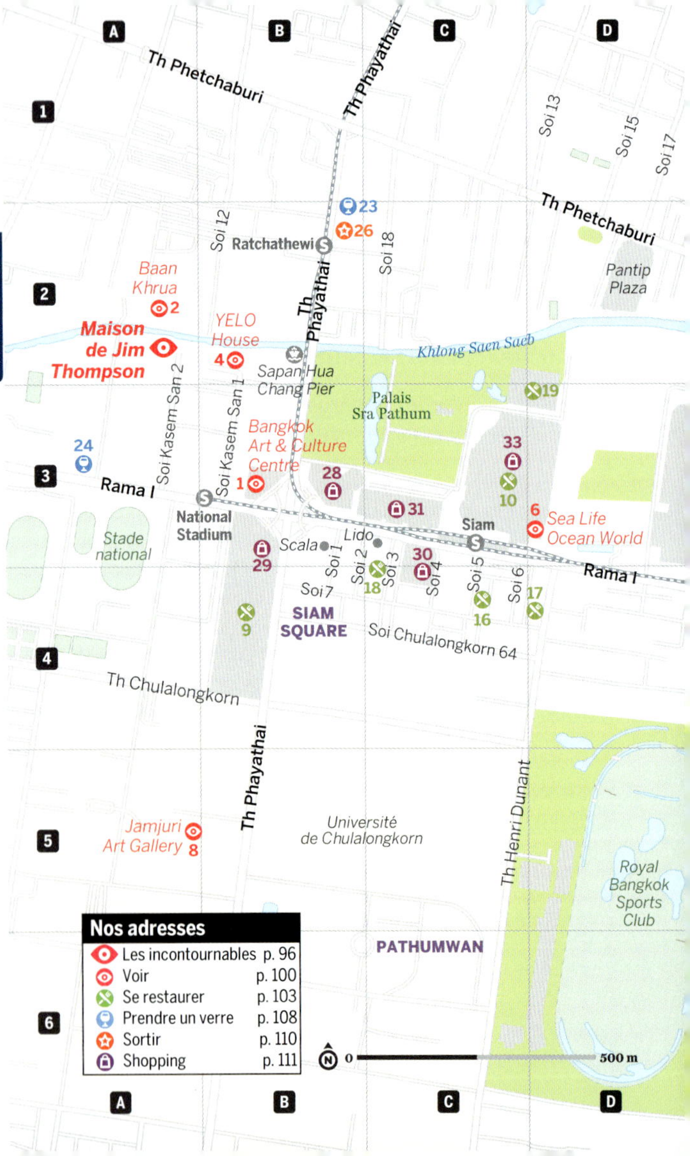
A
B
C
D
1
2
3
4
5
6
Th Phetchaburi
Th Phayathai
Soi 13
Soi 15
Soi 17
23
26
Soi 12
Ratchathewi
Soi 18
Th Phetchaburi
Pantip Plaza
Baan Khrua
2
Maison de Jim Thompson
YELO House
4
Th Phayathai
Khlong Saen Saeb
Sapan Hua Chang Pier
Palais Sra Pathum
19
Soi Kasem San 2
Soi Kasem San 1
Bangkok Art & Culture Centre
1
24
33
10
28
Rama I
National Stadium
31
Siam
6
Sea Life Ocean World
Stade national
Scala
Lido
29
Soi 1
Soi 2
Soi 3
30
Soi 4
Soi 5
Soi 6
Rama I
18
17
Soi 7
16
9
SIAM SQUARE
Soi Chulalongkorn 64
Th Chulalongkorn
Th Phayathai
Th Henri Dunant
Université de Chulalongkorn
Jamjuri Art Gallery
8
Royal Bangkok Sports Club
PATHUMWAN
0
500 m
Nos adresses
Les incontournables p. 96
Voir p. 100
Se restaurer p. 103
Prendre un verre p. 108
Sortir p. 110
Shopping p. 111

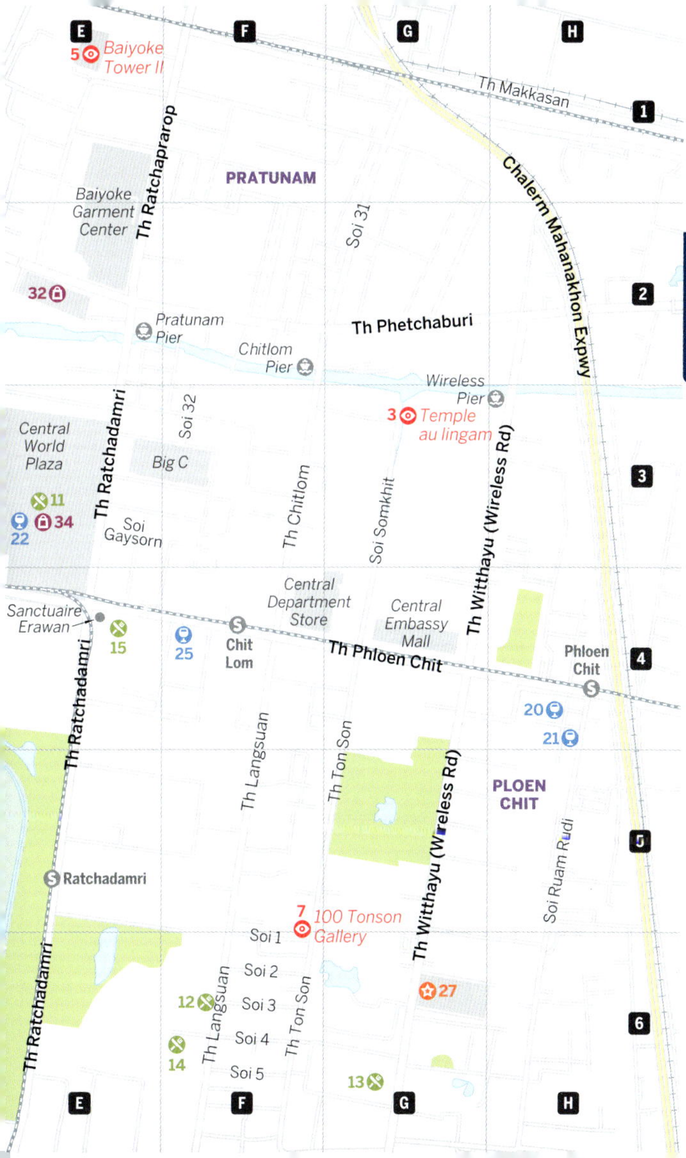
E
F
G
H
1
2
3
4
5
6
5 Baiyoke Tower II
Th Makkasan
Chalerm Mahanakhon Expwy
Th Ratchaprarop
PRATUNAM
Baiyoke Garment Center
Soi 31
32
Pratunam Pier
Chitlom Pier
Th Phetchaburi
Wireless Pier
3 Temple au lingam
Th Ratchadamri
Soi 32
Central World Plaza
Big C
Th Chitlom
Soi Somkhit
Th Witthayu (Wireless Rd)
11
22
34
Soi Gaysorn
Sanctuaire Erawan
15
25
Chit Lom
Central Department Store
Central Embassy Mall
Th Phloen Chit
Phloen Chit
20
21
Th Langsuan
Th Ton Son
PLOEN CHIT
Soi Ruam Rudi
Ratchadamri
7 100 Tonson Gallery
Soi 1
Soi 2
Soi 3
Soi 4
Soi 5
12
14
13
27

Voir

Bangkok Art & Culture Centre

GALERIE

1 PLAN P. 98, B3

Au cœur de Bangkok, ce centre culturel vaste et moderne est devenu l'un des acteurs majeurs de la capitale en matière d'art contemporain. Outre 3 000 m^2 d'espace d'exposition déployés sur 3 niveaux, le centre abrite des boutiques, des galeries privées, des cafés et une bibliothèque d'art. Consultez le site Internet pour connaître la programmation en cours. (BACC ; หอศิลปวัฒนธรรมแห่งกรุงเทพมหานคร ; www.bacc.or.th ; angle Th Phayathai et Rama I ; entrée libre ; 10h-21h mar-sam ; S National Stadium sortie 3)

Baan Khrua

QUARTIER

2 PLAN P. 98, A2

Ce quartier au bord du canal date de la période troublée qui marqua la fin du XVIIIe siècle : des musulmans cham du Cambodge et du Vietnam combattant aux côtés du nouveau roi thaïlandais se virent récompenser par l'attribution de ces terres à l'est de la nouvelle capitale. Ils apportèrent avec eux leur savoir-faire en matière de soieries et la communauté s'agrandit plus tard en construisant le canal Khlong Saen Saeb afin d'être mieux reliée au fleuve. (บ้านครัว ; *klorng-taxi* jusqu'à Sapan Hua Chang Pier, S Ratchathewi sortie 1, National Stadium sortie 1)

Bangkok Art & Culture Centre

DAVID BOKUCHAVA/SHUTTERSTOCK ©

Jim Thompson, l'homme

Né dans le Delaware (États-Unis) en 1906, Jim Thompson fut un agent de l'OSS (ancienne CIA) envoyé en Thaïlande durant la Seconde Guerre mondiale. C'est en 1947, sur un marché, qu'il repéra une belle étoffe de soie dont il apprit qu'elle provenait de Baan Khrua, seul endroit de Bangkok où le tissage de la soie était encore manuel.

La soie thaïlandaise de Thompson attira bientôt l'attention des grands couturiers de New York, Milan, Londres et Paris : l'Américain fidélisa ainsi une clientèle internationale à cet artisanat qui avait bien failli disparaître quelques années auparavant.

En 1967, les ventes annuelles de soie thaïlandaise représentaient près de 1,5 million de dollars. Un après-midi de mars 1967, Thompson disparut lors d'une randonnée dans les Cameron Highlands, en Malaisie occidentale. Son succès dans les affaires, son passé d'espion et l'assassinat de sa sœur la même année firent de son histoire un mystère international. Son corps n'a jamais été retrouvé, mais la théorie du complot est allée bon train : fut-il éliminé par des espions communistes, des concurrents en affaires, ou encore par un tigre mangeur d'hommes ? Les éléments réunis par le journaliste Joshua Kurlantzick dans sa biographie de Thompson, *The Ideal Man,* laissent penser que l'anti-américanisme qu'affichait l'ancien agent à la fin de sa vie aurait pu faire de lui une cible… pour la CIA elle-même.

Temple au lingam — MONUMENT

3 PLAN P. 98, G3

Chaque village-quartier possède son temple, mais vous aurez rarement l'occasion de voir un tel jardin de phallus, niché à l'arrière du bâtiment du personnel du Swissôtel Nai Lert Park. Lorsqu'on fait face à l'entrée de l'hôtel, il faut suivre, à droite, le chemin en ciment qui passe à côté du parking et mène au bâtiment. Le temple est au bout, à côté du *klorng*. (ศาลเจ้าแม่ทับทิม ; Swissôtel Nai Lert Park, Th Witthayu/Wireless Rd ; entrée libre ; 24h/24 ; bateau-bus jusqu'à Wireless Pier, S Phloen Chit sortie 1)

YELO House — GALERIE

4 PLAN P. 98, B2

Galerie d'art ? Friperie ? Espace de coworking ? Café-restaurant ? YELO House est un lieu tellement épatant qu'il est difficile de l'enfermer dans une case. Tenons-nous-en au descriptif du site Internet : un espace polyvalent pour personnes créatives. En pratique, un endroit où vous pourrez dénicher des vêtements vintage et des céramiques, visiter des expositions ou boire un café du bord du canal. (www.yelohouse.com ; 20/2 Soi Kasem San 1 ; 11h-20h mar-dim)

Visite du sanctuaire Erawan

Tout le monde a en tête cette image classique de Bangkok : des danseuses thaïlandaises se produisant dans ce **sanctuaire** (ศาลพระพรหม ; plan p. 99, E4 ; angle Th Ratchadamri et Th Phloen Chit ; entrée libre ; 6h-23h ; S Chit Lom sortie 8) hindou situé devant l'hôtel Grand Hyatt Erawan. Comme souvent en Thaïlande, cette façade paisible dissimule une histoire bien plus tourmentée.

La chute de Thaksin

Après 50 ans d'une existence tranquille, le sanctuaire Erawan a fait la une des journaux le 21 mars 2006, quand un homme le détruisit à coups de marteau. L'incident devint un présage stimulant pour le mouvement de protestation à l'encontre du Premier ministre de l'époque, Thaksin Shinawatra. Lors d'un rassemblement le lendemain, un manifestant suggéra que Thaksin avait diligenté la destruction du sanctuaire afin de le remplacer par une "force obscure". Une nouvelle statue fut installée et Thaksin fut renversé par un coup d'État en 2006. Il vit en exil depuis 2008.

Les Chemises rouges

En 2010, le carrefour de Ratchaprasong, où se trouve le sanctuaire, devint le point de ralliement des manifestants anti-gouvernement, vêtus de rouge. Des images des contestataires des classes rurales et ouvrières, postés devant des boutiques de luxe, furent largement véhiculées par les médias. Le 19 mai, les militaires délogèrent les "chemises rouges" par la force et cinq personnes furent tuées.

La "paralysie de Bangkok"

Trois ans plus tard, le carrefour de Ratchaprasong devint à nouveau un lieu de protestation, occupé cette fois par des citadins des classes moyennes et supérieures opposants à la sœur de Thaksin, Yingluck Shinawatra, qui occupait alors le poste de Premier ministre. Le 20 mai 2014, l'Armée royale thaïlandaise prit le pouvoir et la foule se dispersa.

Un acte de terrorisme

L'évènement le plus marquant de l'histoire du sanctuaire se produisit le soir du 17 août 2015, lorsqu'une bombe explosa dans l'enceinte du temple, tuant 20 personnes et en blessant plus de 120 autres. Deux suspects furent arrêtés mais leurs motivations demeurent incertaines et leur condamnation n'a pas encore été prononcée.

Baiyoke Tower II ÉDIFICE REMARQUABLE

5 PLAN P. 98, E1

Faites l'expérience de la démesure en visitant le plus haut gratte-ciel de Bangkok (qui devrait être dépassé par un autre géant en 2021). Empruntez un couloir ponctué d'extra-terrestres et de planètes (avec la musique de *Star Wars* en fond sonore), avant d'émerger à la plateforme panoramique tournante du 84ᵉ étage. (ตึกใบหยก ๒ ; 22 Th Ratchaprarop ; 300 B ; 9h-23h ; *klorng*-taxi jusqu'à Pratunam Pier)

Sea Life Ocean World AQUARIUM

6 PLAN P. 98, D3

Plus de 400 espèces de poissons, crustacés et même de pingouins peuplent cet aquarium en sous-sol. Ceux qui ont une certification peuvent plonger avec les requins (en supplément) et il est possible d'assister au repas des requins et des pingouins. Sachez toutefois que, selon les associations de défense des animaux, les interactions avec les créatures en captivité sont source de stress pour ces dernières. (www.sealifebangkok.com ; sous-sol, Siam Paragon, 991/1 Rama I ; adulte/enfant à partir de 490/350 B ; 10h-21h ; S Siam sorties 3 et 5)

100 Tonson Gallery GALERIE D'ART

7 PLAN P. 98, F5

Aménagée dans une spacieuse villa et généralement considérée comme l'une des meilleures galeries de la capitale, 100 Tonson accueille des expositions d'art contemporain qui font leur place aux artistes thaïlandais et étrangers. (www.100tonsongallery.com ; 100 Th Soi Ton Son ; entrée libre ; 11h-19h jeu-dim ; S Chit Lom sortie 4)

Jamjuri Art Gallery GALERIE

8 PLAN P. 98, A5

Cette galerie, qui fait partie de la faculté des Arts de l'université de Chulalongkorn, met à l'honneur des thématiques spirituelles modernes et des œuvres abstraites réalisées par des artistes en devenir. (หอศิลป์จามจุรี ; www.chamchuriartgallery.chula.ac.th ; Jamjuree Bldg, Chulalongkorn University, Th Phayathai ; entrée libre ; 10h-19h lun-ven, 11h-18h sam-dim ; S Siam sortie 2 et taxi)

Se restaurer

MBK Food Island THAÏLANDAIS $

9 PLAN P. 98, B4

Avec des dizaines de vendeurs proposant des spécialités régionales thaïlandaises savoureuses et bon marché, MBK Food Island s'affiche comme le meilleur espace restauration de Bangkok. (6ᵉ ét, MBK Center, angle Rama I et Th Phayathai ; plats 35-150 B ; 10h-21h ; S National Stadium sortie 4)

Nuer Koo CHINOIS $

10 PLAN P. 98, C3

Est-ce là l'avenir du bon vieux stand de nouilles ? L'antique et humble recette des nouilles au bœuf est ici mitonnée bien à l'abri dans un centre commercial. Choisissez donc votre morceau de bœuf (il y a même du bœuf de Kobe), savourez le riche bouillon et la climatisation – et envoyez paître la tradition ! (4e ét, Siam Paragon, 991/1 Rama I ; plats 85-970 B ; 11h30-22h ; ; S Siam sorties 3 et 5)

Din Tai Fung

CHINOIS **$$**

11 PLAN P. 98, E3

Ce restaurant sous franchise taïwanaise doit son succès à ses *xiao long bao*, des raviolis farcis au bouillon. Goûtez-les, mais n'hésitez pas à explorer davantage la carte, la cuisine du nord de la Chine étant tout aussi délectable. (7e ét, CentralWorld, Th Ratchadamri ; plats 65-350 B ; 11h-22h ; ; S Chit Lom sortie 9 vers Sky Walk, Siam sortie 6 vers Sky Walk)

Soupe de nouilles au bœuf façon thaïlandaise

MAN OF STOCKER CITY/SHUTTERSTOCK ©

Gaa

INTERNATIONAL **$$$**

12 PLAN P. 98, F6

La maison de négoce jaune vif et rose en face de Gaggan (p. 106) a été reprise par l'ancien second du Gaggan, Garima Arora, qui a aussi fait ses armes au célèbre Noma de Copenhague. La spécialité de la maison : des classiques indiens et thaïlandais sublimés par des techniques modernes et magnifiquement dressés pour composer un menu dégustation de 8 à 12 plats. Réservations fortement conseillées. (091 419 2424 ; www.gaabkk.com ; 68/4 Soi Langsuan ; menu 1800-2 400 B ; 18h-21h30 ; ; S Ratchadamri)

Saneh Jaan

THAÏLANDAIS **$$$**

13 PLAN P. 98, G6

Nouveau restaurant à l'ambiance rétro, Saneh Jaan présente un menu de plats thaïlandais intrigants, inhabituels – et délicieux – dont beaucoup proviennent du sud du pays. Les prix reflètent le caractère assez formel de la salle à manger, mais les portions sont généreuses. (02 650 9880 ; www.facebook.com/sanehjaan ; Glasshouse at Sindhorn, 130-132 Th Witthayu/Wireless Rd ; menu déj 690 B, plats 320-780 B ; 11h30-14h et 18h-22h)

Saveurs de Bangkok

La cuisine de la capitale mêle préparations régionales, influence de la gastronomie royale et recettes des minorités chinoise et musulmane.

La cuisine du centre de la Thaïlande

Les habitants de cette région sont de grands amateurs de sucré-salé ; leurs recettes font la part belle aux poissons d'eau douce, au porc, au lait de coco et au sucre de palme. Les restaurants servant la cuisine du centre de la Thaïlande proposent un large choix de fruits de mer. Parmi les classiques figurent le *yam lah dùk fou* (beignets de poisson-chat, piment, cacahuètes et sauce à la mangue aigre-douce) et le *gaang sôm* (un riche bouillon acidulé aux fruits de mer, légumes et/ou herbes).

La gastronomie royale

Les chefs de la capitale ont été sensiblement influencés par la cuisine de la Cour, qui réinvente avec raffinement des recettes de la Thaïlande centrale depuis près de 300 ans. Autrefois réservés aux tables du palais, ces plats dits "royaux" sont aujourd'hui servis dans tout Bangkok. Les *mèe gròrp,* ces nouilles croustillantes préparées avec une sauce aigre-douce, sont l'un des plats les plus connus de cette gastronomie royale.

La cuisine sino-thaïlandaise

Ce sont probablement les immigrés venus de Chine du Sud qui ont introduit en Thaïlande le wok et diverses recettes de nouilles. Mais leur influence va plus loin : si le bœuf est peu répandu sur les tables de la capitale, c'est en raison d'un précepte du bouddhisme chinois interdisant de manger les "grands" animaux. Le *kôw man gài,* plat de riz au poulet dans le style de Hainan, est emblématique de la cuisine sino-thaïlandaise.

La cuisine thaïlandaise musulmane

Les musulmans seraient arrivés en Thaïlande à la fin du XIVe siècle, apportant avec eux leur cuisine exaltant la viande et les épices séchées. Si certaines recettes ont peu changé, tel le *roh·đi,* un pain frit semblable au *paratha* indien, d'autres, comme ce riche curry qu'est le *gaang mát·sà·màn* (massaman) sont le produit d'un mélange unique entre les pratiques et les ingrédients thaïlandais et ceux de l'Inde et du Moyen-Orient.

Pause déjeuner au centre commercial

Les *food-courts* (espace de restauration) des centres commerciaux de cette partie de la ville sont propres, bon marché, stylés, accueillants et ont une carte en anglais. Nos préférés :

MBK Food Island (p. 103). Le plus vaste et le meilleur.

Eathai (www.facebook.com/EathaibyCentral ; sous-sol, Central Embassy Mall, 1031 Th Phloen Chit ; plats 60-360 B ; 10h-22h ; ; S Phloen Chit sortie 5). De célèbres restaurants et stands de rue y ont une "succursale".

Food Republic (4e ét, Siam Center, angle Rama I et Th Phayathai ; plats 30-200 B ; 10h-22h ; ; S Siam sortie 1). Situé dans le Siam Center (p. 112), c'est probablement l'espace de restauration le plus attrayant de Bangkok.

FoodPark (4e ét, Big C, 97/11 Th Ratchadamri ; plats 30-90 B ; 9h-21h ; ; S Chit Lom sortie 9 vers Sky Walk). Prépare des plats thaïlandais pour des Thaïlandais.

Gaggan INDIEN $$$

14 PLAN P. 98, F6

Cette villa blanche évoque davantage un salon de thé à l'anglaise qu'un restaurant servant de la "cuisine indienne d'avant-garde", mais Gaggan a l'art d'être là où on ne l'attend pas. Les menus comptent jusqu'à 10 plats, assez audacieux (boulette de raïta) ou très traditionnels (les tandoori sont excellents), avec des saveurs franches et des variations improbables mais délicieuses. Réservation impérative. (02 652 1700 ; www.eatatgaggan.com ; 68/1 Th Langsuan ; menu 5 000 B ; 18h-23h ; ; S Ratchadamri sortie 2)

Erawan Tea Room THAÏLANDAIS $$

15 PLAN P. 98, E4

Les larges fauteuils, les baies vitrées et le vaste choix de boissons chaudes en font l'un des meilleurs endroits de Bangkok pour lire le journal. La longue carte de classiques thaïlandais vous encouragera sans doute à rester plus longtemps, et la sélection de confitures et de thés à emporter vous fera sentir comme à la maison. (2e ét, Erawan Bangkok, 494 Th Phloen Chit ; plats 180-640 B ; 10h-22h ; ; S Chit Lom sortie 8)

Somtam Nua THAÏLANDAIS $

16 PLAN P. 98, C4

Les saveurs et l'authenticité ne valent pas celles que l'on peut trouver sur un stand de rue, mais cette bonne adresse permet de découvrir les spécialités du Nord-Est thaïlandais dans un cadre branché (et climatisé). Attendez-vous à une file d'attente le soir. (392/14 Soi 5, Siam Sq ; plats 75-120 B ; 10h45-21h30 ; ; S Siam sortie 4)

Coca Suki CHINOIS, THAÏLANDAIS $$

17 PLAN P. 98, D4

Le *sù·gêe*, bouillon brûlant dans lequel cuisent des aliments crus, est prisé des familles thaïlandaises. Le Coca est l'une des plus anciennes chaînes le préparant. Avis aux amateurs de cuisine épicée : demandez le bouillon *tom yam*, corsé à souhait. (416/3-8 Th Henri Dunant ; plats 100-800 B ; 11h-23h ; ; S Siam sortie 6)

Koko THAÏLANDAIS $$

18 PLAN P. 98, C4

Ce restaurant décontracté propose un large choix de plats végétariens, ainsi qu'une sélection limitée mais fiable de plats thaïlandais carnés, comme le curry de Penang servi avec du porc tendre, ou le poisson frit accompagné de fines herbes thaïlandaises. (262/2 Soi 3, Siam Sq ; plats 75-250 B ; 11h-21h ; ; S Siam sortie 2)

Sra Bua by Kiin Kiin THAÏLANDAIS $$$

19 PLAN P. 98, D3

Piloté par un Thaïlandais et un Danois dont le restaurant de Copenhague, Kiin Kiin, affiche une étoile au Michelin, Sra Bua propose

MBK Food Island (p. 103)

Une toile à Siam Square

Chaque centre commercial de Bangkok possède son cinéma, mais rares sont ceux qui peuvent rivaliser avec le **Paragon Cineplex** (02 129 4635 ; www.paragoncineplex.com ; 5e ét, Siam Paragon, 991/1 Rama I ; S Siam sorties 3 et 5). Outre 16 écrans, plus de 3 000 places et le plus grand écran IMAX de Thaïlande, cet établissement propose un Blue Ribbon Screen, une salle intimiste de 72 places, où vous bénéficierez de coussins, couvertures, boissons et en-cas gratuits, et d'un massage de 15 minutes. Dans la salle Enigma, les couples s'installent sur des canapés privatifs et reçoivent des cocktails, de quoi grignoter, des couvertures et un massage.

Pour une expérience moins tape-à-l'œil, avec davantage de caractère, traversez la rue pour trouver des cinémas indépendants à l'ancienne, comme le **Scala** (plan p. 98, B3 ; 02 251 2861 ; Soi 1, Siam Sq ; S Siam sortie 2) et le **Lido** (plan p. 98, C3 ; 02 252 6498 ; www.apexsiam-square.com ; entre Soi 2 et Soi 3, Siam Sq ; S Siam sortie 2).

Pour les horaires des divers cinémas de Bangkok, consultez le site moveedoo (www.moveedoo.com).

une approche internationale, si ce n'est moléculaire, de la cuisine thaïlandaise. Le duo a ainsi inventé des versions peu conventionnelles de certaines spécialités, comme une "neige de *tom kha*, champignons et citron". (02 162 9000 ; www.kempinski.com/en/bangkok/siam-hotel/dining ; rdc, Siam Kempinski Hotel, 991/9 près de Rama I ; plats 550-890 B, menu 1350-3100 B ; midi-15h et 18h-22h30 ; ; S Siam sorties 3 et 5)

Prendre un verre

Hair of the Dog — BAR

20 PLAN P. 98, H4

La vague de la bière artisanale qui a déferlé sur Bangkok ces dernières années est à son paroxysme dans ce bar un peu caché. Avec une décoration évoquant une morgue, des dizaines de bouteilles et 13 choix à la pression, l'endroit est parfait pour une soirée loufoque et houblonnée. (www.hairofthedogbkk.com ; 1er ét, Mahathun Plaza, 888/26 Th Phloen Chit ; 17h-minuit ; S Phloen Chit sortie 2)

Hyde & Seek — BAR

21 PLAN P. 98, H4

Ses savoureux en-cas et ses tout aussi délicieux plats d'inspiration ouvertement anglaise ont valu au Hyde & Seek le titre convoité de "bar gastronomique". Pour nous, l'une des principales raisons de s'y rendre tient surtout au fait qu'il s'agit de l'un des bars les mieux fournis de Bangkok et qu'il prépare des cocktails comptant parmi les meilleurs et les plus sophistiqués de la ville. (www.hydeandseek.com ; rdc, Athenee Residence, 65/1 Soi Ruam Rudi ; 16h30-1h ; S Phloen Chit sortie 4)

Red Sky

BAR

22 PLAN P. 98, E3

Perché au 55e étage d'un gratte-ciel en plein cœur de la Bangkok moderne, Red Sky bénéficie d'un des points de vue les plus époustouflants de la capitale. Avec son impressionnante arcade et sa profusion de verre, il est encore plus chic que les autres "rooftop bars" de la capitale. (www.centarahotelsresorts.com ; 55e ét, Centara Grand, CentralWorld, Th Ratchadamri ; 18h-1h ; S Chit Lom sortie 9 vers Sky Walk, Siam sortie 6 vers Sky Walk)

Co-Co Walk

BAR

23 PLAN P. 98, B2

Ce complexe couvert est un patchwork bruyant et désordonné de pubs, bars et musique live très prisés des étudiants thaïlandais. Nous aurions pu citer quelques noms d'établissements mais tout change tellement vite que cela ne serait pas très pertinent. (87/70 Th Phayathai ; 17h-minuit ; S Ratchathewi sortie 2)

Roof

BAR

24 PLAN P. 98, A3

Outre la vue sur le centre de Bangkok depuis le 25e étage, le Roof se targue d'un sommelier entièrement dédié au martini et d'une longue carte des vins et champagnes. Au rez-de-chaussée du même bâtiment, Party House One organise des concerts quasiment tous les soirs. (www.siamatsiam.com/dining/roof ; 25e ét, Siam@Siam, 865 Rama I ; 18h-0h30 ; S National Stadium sortie 1)

Foreign Correspondents' Club of Thailand

BAR

25 PLAN P. 98, F4

Rendez-vous des écrivains et photographes de la ville, ce bar-restaurant accueille aussi des expositions d'art allant du photo-journalisme à la peinture contemporaine. Concerts de jazz le vendredi soir. Consultez le site Internet pour connaître la programmation. (FCCT ; www.fccthai.com ; Penthouse, Maneeya

Le casse-tête des noms de rues

Les noms des rues semblent souvent imprononçables. Pis encore, leur transcription en caractères latins varie. Ainsi, la rue Th Ratchadamri s'écrit parfois "Rajdamri". Et l'une des rues qui concentre le plus d'ambassades étrangères est connue sous un double nom : Wireless Rd et Th Witthayu (*wireless*, en anglais, et *wí·tá·yú*, en thaï, signifiant "radio").

Des souvenirs authentiques et uniques

Les centres commerciaux de Bangkok sont dominés par les marques internationales, mais quelques boutiques locales sortent du lot.

The Selected (www.facebook.com/theselected ; 3e ét, Siam Center, Rama I ; 10h-21h ; S Siam sortie 1). Un éventail soigneusement sélectionné d'articles pour la maison, bibelots, vêtements et accessoires modernes, pour la plupart fabriqués en Thaïlande.

Karmakamet (www.karmakamet.co.th ; 3e ét, CentralWorld, Th Ratchadamri ; 10h-21h30 ; S Chit Lom sortie 9 vers Sky Walk, Siam sortie 6 vers Sky Walk). Les bougies, encens, huiles essentielles et autres articles parfumés ou non de cette marque sont autant d'élégants articles pour la maison et de souvenirs uniques.

it's going green (rdc, Bangkok Art & Culture Center, angle Th Phayathai et Rama I ; 10h30-20h ; S National Stadium sortie 3). Cette boutique est également un bon endroit pour acquérir des articles pour la maison, savons et autres objets de style thaïlandais rétro.

Objects of Desire Store (ODS ; www.facebook.com/objectsofdesirestore ; 3e ét, Siam Discovery, angle Rama I et Th Phayathai ; 10h-22h ; S Siam sortie 1). Une boutique en plein air proposant céramique, papeterie, mobilier et objets pour la maison de style contemporain. La plupart de ces articles design sont produits par des artisans thaïlandais.

Center, 518/5 Th Phloen Chit ; midi-21h40 et 1h-minuit lun-ven ; S Chit Lom sortie 2)

Sortir

Rock Pub

MUSIQUE LIVE

26 PLAN P. 98, B2

Pour la décoration, des affiches d'Iron Maiden, et pour le code vestimentaire, du noir et des cheveux longs : ce bar pareil à une grotte, qui organise des concerts depuis longtemps, est l'ambassade officieuse du *heavy metal* en Thaïlande. (www.facebook.com/therockpub ; 93/26-28 Th Phayathai ; 19h-1h ; S Ratchathewi sortie 2)

Diplomat Bar

MUSIQUE LIVE

27 PLAN P. 98, G6

Ainsi nommé parce qu'il se trouve en plein quartier des ambassades, c'est l'un des rares bars d'hôtels que les Thaïlandais apprécient. Faites votre choix dans la longue carte de martinis, à siroter en écoutant le groupe de jazz. Les concerts commencent à 20h du lundi au jeudi et à 20h30 les vendredi et samedi. (rdc, Conrad

Hotel, 87 Th Witthayu/Wireless Rd ; 19h-1h lun-jeu, 19h-2h ven et sam ; S Phloen Chit sortie 5)

Shopping

Siam Discovery

CENTRE COMMERCIAL

28 PLAN P. 98, B3

Avec une atmosphère évoquant presque un marché et un éventail impressionnant de produits allant des articles domestiques aux vêtements (dont beaucoup de pièces de créateurs thaïlandais), le Siam Discovery, récemment rénové, est de loin le centre commercial le plus tourné vers le design. (www.siamdiscovery.co.th ; angle Rama I et Th Phayathai ; 10h-22h ; S Siam sortie 1)

MBK Center

CENTRE COMMERCIAL

29 PLAN P. 98, B3

Ce centre commercial de 8 étages est devenu une attraction touristique à part entière. Tous les week-ends, la moitié de Bangkok semble s'y retrouver pour musarder dans un panel infini de stands et boutiques proposant toutes sortes de marchandises. (www.mbk-center.com ; angle Rama I et Th Phayathai ; 10h-22h ; S National Stadium sortie 4)

Siam Square

CENTRE COMMERCIAL

30 PLAN P. 98, C4

Cet espace de shopping en plein air est le paradis des adolescents de Bangkok. De la pop tonitruante s'échappe de minuscules

Siam Square

enceintes et des bandes de jeunes branchés aux looks divers flânent entre les fast-foods et les petites boutiques. Un lieu fabuleux pour dénicher des marques et des modèles que vous ne verrez nulle part ailleurs, même si la plupart des tenues ne sont adaptées qu'aux tailles de guêpe. (Rama I ; 11h-21h ; ; S Siam sorties 2, 4 et 6)

Siam Center
CENTRE COMMERCIAL

31 PLAN P. 98, C3

Le tout premier centre commercial de Thaïlande, ouvert en 1976, ne fait vraiment pas son âge grâce à de récentes rénovations. Son 3e étage est l'une des meilleures adresses pour découvrir des marques locales bien établies comme Food Republic (p. 106), **Flynow III** (www.flynowiii.com ; 3e ét ; 10h-21h) et **Tango** (www.tangothailand.com ; 3e ét ; 10h-21h). (www.siamcenter.co.th ; Rama I ; 10h-21h ; S Siam sortie 1)

Platinum Fashion Mall
VÊTEMENTS

32 PLAN P. 98, E2

Relié au quartier de la confection de Bangkok, qui se trouve juste au nord, de l'autre côté de Th Phetchaburi, ce centre commercial de 5 étages déborde de vêtements bon marché, sans marques précises. (www.platinumfashionmall.com ; 644/3 Th Phetchaburi ; 9h-20h ; *klorng*-taxi jusqu'à Pratunam Pier, S Ratchathewi sortie 4)

Siam Paragon

WITHGOD/SHUTTERSTOCK ©

Hors gabarit

Si dans votre pays, vous portez des vêtements de taille jugée petite ou "normale", vous êtes en Thaïlande un spécimen extra large et risquez de ne rentrer que dans du XL. En particulier sur les marchés de rue où les tailles sont encore plus petites. Pour des tenues habillées, les expatriés s'adressent aux tailleurs sur mesure, et de nombreux vendeurs du marché de Pratunam proposent des grandes tailles, de même que plusieurs comptoirs du 7e étage du MBK Center.

Siam Paragon CENTRE COMMERCIAL

33 PLAN P. 98, C3

Autant parc urbain climatisé que centre commercial, Siam Paragon abrite le Sea Life Ocean World (p. 103), le Paragon Cineplex (p. 108) et le **Gourmet Paradise** (rdc, Siam Paragon, 991/1 Rama I ; plats 35-500 B ; 10h-22h ; ; S Siam sorties 3 et 5), un immense espace restauration en sous-sol. Il y a aussi des boutiques : au 3e étage, Kinokuniya est la plus grande librairie anglophone de Thaïlande. (www.siamparagon.co.th ; 991/1 Rama I ; 10h-22h ; S Siam sorties 3 et 5)

CentralWorld CENTRE COMMERCIAL

34 PLAN P. 98, E3

Avec plus de 500 magasins et 100 restaurants sur 8 niveaux, c'est l'un des plus grands centres commerciaux d'Asie du Sud-Est. Outre une patinoire, on y trouve une immense librairie B2S et une myriade de parfums au Karmakamet, au 3e étage. (www.centralworld.co.th ; Th Ratchadamri ; 10h-22h ; S Chit Lom sortie 9 vers Sky Walk, Siam sortie 6 vers Sky Walk)

Victory Monument et ses environs

Pour découvrir un Bangkok sans rabatteurs ni touristes et presque sans centres commerciaux, prenez le BTS vers le nord jusqu'au quartier du monument de la Victoire (Victory Monument) : là vous verrez des Thaïlandais vaquant à leurs occupations habituelles, mais aussi quelques sites intéressants, de bons restaurants et des bars animés.

La promenade

Départ Musée-palais Suan Pakkad ; S Phaya Thai sortie 4

Arrivée Wine Pub ; S Victory Monument sortie 2

Distance 3,8 km

Durée 2 à 3 heures

❶ Musée-palais Suan Pakkad

Cette **ancienne résidence royale** (วังสวนผักกาด ; Th Si Ayuthaya ; 100 B ; 9h-16h) réunit huit maisons thaïlandaises traditionnelles en bois, sur pilotis, où sont exposés objets d'art, antiquités et mobilier. Ses jardins paysagers sont une oasis de paix dans ce quartier très urbain.

❷ Raintree

Le **Raintree** (Soi Ruam Chit ; 18h-1h lun-sam) est l'un des derniers bastions de la "chanson de vie", musique populaire thaïlandaise née avec la rébellion communiste des années 1960 et 1970. Savoureux en-cas servis au bar.

❸ Pathé

Avec sa robuste cuisine thaïlandaise, son jukebox jouant des disques rayés et son ambiance festive, le **Pathé** (www.patherestaurant.com ; 507 Th Ratchawithi ; plats 95-275 B ; 10h-minuit) offre une version thaïlandaise moderne d'un *diner* américain des années 1950.

❹ Fashion Mall

Lingerie bon marché, cosmétiques maison, faux cils et extensions de cheveux, le **Fashion Mall** (10h30-minuit) est l'endroit parfait pour se faire une beauté à moindre coût.

❺ Monument de la Victoire

Cet **obélisque** (อนุสาวรีย์ชัย ; angle Th Ratchawithi et Th Phayathai ; 24h/24) érigé par le gouvernement militaire en 1941 commémore une campagne menée en 1940 contre les Français au Laos.

❻ Toy

C'est notre adresse fétiche parmi la kyrielle de restaurants modestes des environs du monument de la Victoire. Tous vendent des "nouilles du bateau" délicieuses et épicées – appelées ainsi car elles étaient jadis vendues directement depuis les bateaux sillonnant les rivières et canaux du centre du pays. (Soi 18, Th Ratchawithi, enseigne en thaï ; plats à partir de 15 B ; 8h-17h).

❼ Saxophone Pub & Restaurant

Depuis plus de 30 ans, **Saxophone** (www.saxophonepub.com ; 3/8 Th Phayathai ; 19h30-1h30) reste l'un des endroits privilégiés de Bangkok pour la musique live – un lieu sombre à l'ambiance intimiste.

❽ Sky Train Jazz Club

Pour accéder à ce sympathique **club** (17h-2h) de jazz, repérez l'enseigne et grimpez l'escalier couvert de graffitis jusqu'au toit.

❾ Wine Pub

Ambiance chic et DJ ajoutent au charme du **Wine Pub** (www.winepubbangkok.com ; 1er ét, Pullman Bangkok King Power, 8/2 Th Rang Nam ; 18h30-2h), l'une des adresses les moins chères où s'offrir un verre de vin en grignotant fromage et charcuterie.

ห้ามลงท่าเรือ
ยกเว้นผู้เช่าเรือ

Explorer

Rives du fleuve, Silom et Lumphini

Le Mae Nam Chao Phraya constitue la toile de fond de ces trois quartiers limitrophes. L'histoire est palpable dans l'architecture délabrée des rives du fleuve, tandis qu'en retrait Silom est une zone frénétique et moderne comprenant le quartier gay. Plus paisible, Th Sathon est le secteur des ambassades, et Lumphini accueille le plus vaste espace vert du centre de Bangkok.

Rendez-vous tôt le matin au parc Lumphini (p. 122). Déjeunez à Kai Thort Jay Kee (p. 126), puis visitez le temple Sri Mariamman (p. 124) et admirez les vitrines à House of Chao (p. 135). Le soir, optez pour un dîner-croisière sur le fleuve, ou sirotez des cocktails sur le toit du Moon Bar (p. 130), avant de dîner au nahm (p. 125).

Comment y aller et circuler

Les rives du fleuve se prêtent idéalement à une balade sans but précis au milieu des bâtiments défraîchis, et l'arrêt Saphan Taksin du BTS est un bon point de départ. L'arrêt BTS Sala Daeng et l'arrêt MRT Si Lom se situent dans la partie inférieure de Th Silom, ce qui est parfait pour explorer le parc Lumphini ou les sites et restaurants du quartier.

S **BTS** Pour les rives du fleuve : Saphan Taksin. Pour Silom : Sala Daeng (correspondance à l'arrêt MRT Si Lom). Pour Lumphini : Ratchadamri, Sala Daeng, Chong Nonsi et Surasak.

M **MRT** Pour Silom : Si Lom (correspondance à l'arrêt BTS Sala Daeng). Pour Lumphini : Lumphini.

Chao Phraya Express Boat Pour les rives du fleuve : River City Pier, Si Phraya Pier, Oriental Pier et Sathon/Central Pier. Pour Lumphini : Sathon/Central Pier.

Carte du quartier p. 120

Parc Lumphini (p. 122) PATCHRA SUTTIVIRAT/SHUTTERSTOCK ©

Promenade à pied

Quartier gay de Silom

Les rues adjacentes à la partie basse de Th Silom attirent une foule de Bangkokiens et de touristes, grâce à leurs salons de massage et saunas, leurs spectacles érotiques sur la Duangthawee Plaza voisine, leurs bars décontractés en plein air sur Soi 4 et leurs clubs près de Soi 2.

La promenade

Départ Telephone Pub ; M Si Lom sortie 2, S Sala Daeng sortie 1

Arrivée DJ Station ; M Si Lom sortie 2, S Sala Daeng sortie 1

Distance 1 km

Durée 3 à 6 heures

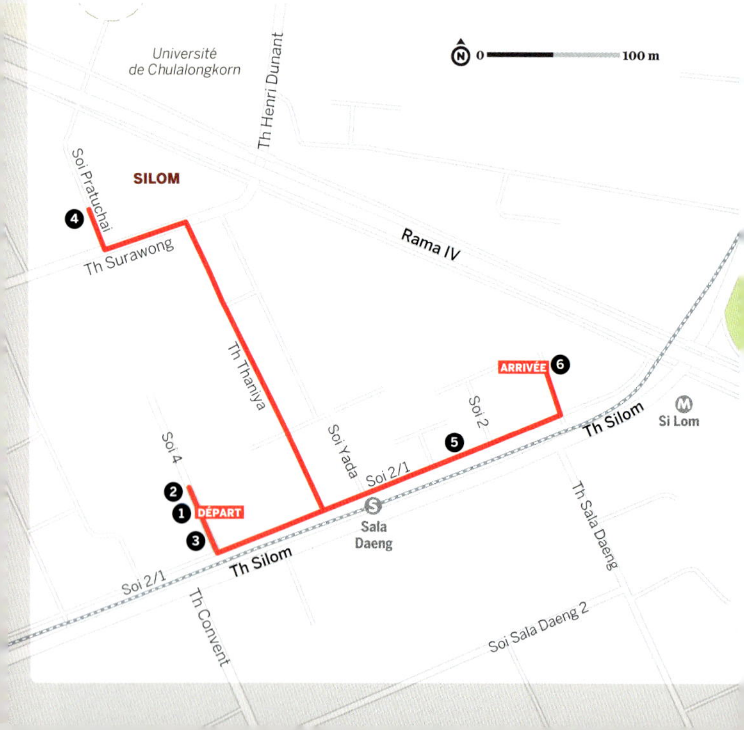

❶ Telephone et Balcony

Commencez la soirée le long de Soi 4, artère emblématique de la Bangkok gay. On y trouve essentiellement des boutiques, bars et clubs homosexuels. Les meilleures adresses pour prendre la température du quartier sont les intemporels **Telephone Pub** (telephonepub.com ; 114/11-13 Soi 4, Th Silom ; 18h-1h ;) et juste de l'autre côté de la rue, **Balcony** (www.balconypub.com ; 86-88 Soi 4, Th Silom ; 17h30-2h ;).

❷ The Stranger

The Stranger (www.facebook.com/thestrangerbar ; Soi 4, Th Silom ; 17h45-2h) est probablement l'établissement le plus discret et sophistiqué de Soi 4 – sauf lors des spectacles de drag-queens les lundi, vendredi et samedi soir.

❸ Banana Club on 4

Un beau balcon, des salons privatifs avec rideaux à l'ambiance sensuelle et un club intimiste, le **Banana Bar** (114/17-18 Soi 4, Th Silom ; 19h-2h) est l'adresse idéale pour une fabuleuse soirée gay.

❹ Duangthawee Plaza

Si vous trouvez le Soi 4 trop sage, rendez-vous en face, à **Duangthawee Plaza** (Soi Twilight ; Soi Pratuchai ; 19h-1h), où sont alignés des clubs de strip-tease exclusivement réservés aux hommes ; l'équivalent gay de Th Patpong. Attendez-vous à des spectacles érotiques tape-à-l'œil, exécutés par de jeunes hommes qui ont l'air de s'ennuyer.

❺ White Rabbit

Ce **café/restaurant/lounge** (12/3 Th Silom ; 11h-1h ;) est l'occasion de faire une pause, de prendre des forces ou simplement de découvrir un des lieux les plus sobres du quartier gay.

❻ DJ Station

DJ Station (www.dj-station.com ; 8/6-8 Soi 2, Th Silom ; à partir de 150 B ; 22h-2h) est une des plus légendaires discothèques gays de Bangkok. Arrivez à 23h30 pour le spectacle quotidien de cabaret, ou plus tard, pour vous déhancher sur la piste aux côtés d'une clientèle locale huppée. La petite rue abrite quantité d'autres bonnes adresses. Entrée : de 150 B à 300 B.

A
B
C
D
1
2
3
4
5
6
Rama IV
TALAT NOI
BANGRAK
Th Charoen Krung
Th Maha Phrutharam
Phayathai-Bangkok Expwy
Th Maha Nakhon
Marine Department Pier
River City Pier
Si Phraya Pier
Oriental Pier
Saphan Taksin
Sathon/ Central Pier
Surasak
Sam Yan
Th Si Phraya
Th Naret
Th Sap
Th Surawong
Th Decho
Soi 1
Soi 39
Soi 43
Soi 32
Soi 20
Soi 26
Soi 30
Th Mahesak
Th Silom
Soi40 (Soi Oriental)
Soi 21
Th Surasak
Soi 19
Th Pramuan
Th Pan
Soi 12
Soi 10
Soi 44
Soi 46
Th Si Wiang
Soi St Louis 2
Soi St Louis 3
Th Sathon Neua (nord)
Th Sathon Tai (sud)
Soi 51
Mae Nam Chao Phraya
Bangkokian 2 Museum
Neilson Hays 9 Library
Thailand Creative & Design Center 11
Ancien poste de douane 10
Temple Sri Mariamman 8
Kathmandu Photo Gallery
Number 1 Gallery
3 Health Land
Sathorn 4 Unique Tower
17
43
42
41
21
16
29
39
24
47
30
19
23
18
14
46
32
37
40
Nos adresses
Voir p. 122
Se restaurer p. 125
Prendre un verre p. 130
Sortir p. 133
Shopping p. 135
0
500 m

E
F
G
H
1
2
3
4
5
6
Université de Chulalongkorn
Royal Bangkok Sports Club
Th Henri Dunant
Th Ratchadamri
Th Langsuan
Th Sarasin
Soi Sanam Khli (Polo)
15
Queen Saovabha Memorial Institute
7
Rama IV
SILOM
Soi Phat Pong 2
Th Phat Pong
44
48
45
49
Soi 4
Si Lom
Sala Daeng
1 Parc Lumphini
Th Witthayu (Wireless Rd)
Rama IV
36
Th Silom
22
28
Soi Sala Daeng 2
Th Sala Daeng
Th Convent
Soi 3
Soi Sala Daeng 1
38
31
Lumphini
27
Th Sathon Tai (sud)
26
12
Chong Nonsi
Soi Phiphat 2
13
5 Ruen-Nuad Massage Studio
Bangkok CityCity Gallery
Soi 1
34
Th Sathon Neua (nord)
Th Sathon Tai (sud)
Soi 3
Soi 7
6 Maison de M. R. Kukrit Pramoj
25
Soi Suan Phlu
Soi Nantha-Mozart
Soi Ngam Du Phli
33
Soi Si Bamphen
Soi Suanphlu 1
SATHON
Th Naradhiwas Rajanagarindra (Chong Nonsi)
Soi Ngam Duphli
Th Yen Akat
20
35

Voir

Parc Lumphini ESPACE VERT

1 PLAN P. 120, G2

Baptisé d'après le lieu de naissance du Bouddha au Népal, le parc Lumphini constitue le meilleur moyen de fuir Bangkok sans quitter la ville. Des sentiers ombragés, un grand lac artificiel et d'immenses pelouses vous feront oublier un instant la circulation infernale et les immenses tours de béton. (สวนลุมพินี ; bordé par Th Sarasin, Rama IV, Th Witthayu/Wireless Rd et Th Ratchadamri ; 4h30-21h ; ; M Lumphini sortie 3, Si Lom sortie 1, S Sala Daeng sortie 3, Ratchadamri sortie 2)

Bangkokian Museum MUSÉE

2 PLAN P. 120, B3

Ensemble de 3 édifices construits au début du XXe siècle, ce musée illustre une période souvent délaissée de l'histoire de la ville et permet de découvrir un visage de Bangkok qui disparaît d'année en année. (พิพิธภัณฑ์ชาวบางกอก, Musée bangkokien ; 273 Soi 43, Th Charoen Krung ; don apprécié ; 10h-16h mer-dim ; Si Phraya/River City Pier)

Health Land MASSAGES

3 PLAN P. 120, D4

La branche principale de ce mini-empire du massage thaïlandais établi de longue date propose des massages et des soins efficaces, dans un cadre moderne et soigné. (02 637 8883 ; www.healthlandspa.com ; 120 Th Sathon Neua/North ; massage 2 heures 600 B ; 9h-23h ; S Surasak sortie 3)

Sathorn Unique Tower ÉDIFICE HISTORIQUE

4 PLAN P. 120, B5

En 1990, on commença à construire la Sathorn Unique, communément appelée Ghost Tower (tour Fantôme) car selon les habitants, la parcelle qu'elle occupe était jadis un cimetière. En 1997, alors que la tour était érigée à 75% environ, la crise asiatique frappa de plein fouet, les fonds disparurent et les travaux furent tout bonnement stoppés. La tour est restée inachevée depuis lors. (Soi 51, Th Charoen Krung ; Sathon/Central Pier, S Saphan Taksin)

Ruen-Nuad Massage Studio MASSAGES

5 PLAN P. 120, F3

Dans une maison en bois restaurée, ce charmant établissement évite avec succès la mouvance tapageuse et new age de la plupart des instituts de Bangkok. Prix abordables. (02 632 2662 ; 42 Th Convent ; massage 350 B/h ; 10h-21h ; M Si Lom sortie 2, S Sala Daeng sortie 2)

Maison de M. R. Kukrit Pramoj ÉDIFICE HISTORIQUE

6 PLAN P. 120, E4

Écrivain et politicien, Mom Ratchawong Kukrit Pramoj (1911-1995) habita dans cette charmante propriété désormais ouverte au public. Entourés d'un jardin parfaitement entretenu, les cinq bâtiments en teck permettent de s'initier à l'architecture et aux arts traditionnels thaïlandais, et de découvrir l'ancien résident, qui fut Premier ministre de la Thaïlande en 1974 et 1975, écrivit plus de 150 livres et passa 20 ans à décorer cette maison. (บ้านหม่อมราชวงศ์คึกฤทธิ์ปราโมช ; 02 286 8185 ; Soi 7, Th Naradhiwas Rajanagarindra/Chong Nonsi ; adulte/enfant 50/20 B ; 10h-16h ; S Chong Nonsi sortie 2)

Queen Saovabha Memorial Institute

FERME DE SERPENTS

7 PLAN P. 120, E2

Les fermes de serpents de Thaïlande ont un caractère plus fantaisiste qu'humanitaire, à l'exception du Queen Saovabha Memorial Institute. Fondé en 1923, il se donne pour mission la production d'antivenin. Le venin des serpents est prélevé et injecté à des chevaux, puis l'antivenin secrété est récupéré et purifié. Les antivenins sont alors utilisés pour soigner des humains victimes de morsures de serpents. Des traites (11h lun-ven) et des démonstrations de manipulation des serpents (14h30 lun-ven et 11h sam-dim) sont organisées dans l'amphithéâtre extérieur. (สถานเสาวภา, ferme de serpents ; www.saovabha.com ; angle Rama IV et Th Henri Dunant ; adulte/enfant 200/50 B ; 9h30-15h30 lun-ven, 9h30-13h sam-dim ; ; M Si Lom sortie 1, S Sala Daeng sortie 3)

Temple Sri Mariamman (p. 124)

Galeries d'art de Silom

La partie supérieure de Th Silom et ses environs abritent certaines des meilleures galeries d'art de Bangkok :

Kathmandu Photo Gallery (plan p. 120, C4 ; www.kathmanduphotobkk.com ; 87 Th Pan ; entrée libre ; 11h-19h mar-dim ; S Surasak sortie 3). La seule galerie de Bangkok entièrement dédiée à la photographie.

Bangkok CityCity Gallery (plan p. 121, H4 ; 083 087 2725 ; www.bangkokcitycity.com ; 13/3 Soi 1, Th Sathon Tai/South ; entrée libre ; 13h-19h mer-dim ; M Lumphini sortie 2). Une petite galerie à l'esprit moderne accueillant le travail d'artistes thaïlandais souvent influencés par la culture pop. Des performances sont organisées occasionnellement.

Number 1 Gallery (plan p. 120, B4 ; www.number1gallery.com ; 19 Soi 21, Th Silom ; entrée libre ; 10h-19h lun-sam ; S Surasak sortie 3). Une galerie assez récente où sont exposées les œuvres souvent marquantes d'artistes thaïlandais.

Gallery VER (02 103 4067 ; www.vergallery.com ; 10 Soi 22, Th Narathiwat Ratchanakharin/Chong Nonsi ; entrée libre ; midi-18h mar-dim ; S Chong Nonsi sortie 2 et taxi). Un vaste espace artistique avec des œuvres parfois subversives d'artistes thaïlandais, reconnus ou émergents.

Temple Sri Mariamman

TEMPLE HINDOU

8 PLAN P. 120, C3

Ce temple hindou flamboyant, érigé dans les années 1860 par des immigrants tamouls, présente une façade de 6 m de hauteur agrémentée d'un entrelacs de déités hindoues hautes en couleur. La plupart des personnes qui travaillent dans le temple sont originaires du sous-continent indien, mais de nombreux fidèles thaïlandais et chinois viennent prier ici, dans la mesure où les divinités hindoues sont très présentes dans leur approche personnelle de la religion. (วัดพระศรีมหาอุมาเทวี/วัดแขก, Wat Phra Si Maha Umathewi ; angle Th Silom et Th Pan ; entrée libre ; 6h-20h lun-jeu, 6h-21h ven, 6h-20h30 sam-dim ; S Surasak sortie 3)

Neilson Hays Library

BIBLIOTHÈQUE

9 PLAN P. 120, C3

La plus ancienne bibliothèque anglophone de Thaïlande date de 1922. Elle offre un bon choix de livres pour enfants et d'ouvrages sur le pays. (www.neilsonhayslibrary.com ; 195 Th Surawong ; non-membres 50 B ; 9h30-17h mar-dim ; S Surasak sortie 3)

Ancien poste de douane
ÉDIFICE HISTORIQUE

10 PLAN P. 120, A3

L'ancien poste de douane était jadis la porte d'entrée du pays, où les commerçants arrivant dans le royaume et en partant devaient s'acquitter d'une taxe. Il fut conçu par un architecte italien et construit dans les années 1890 ; la porte avant s'ouvre sur le fleuve, et la façade majestueuse était agrémentée de colonnes et d'impostes. (กรมศุลกากร ; Soi 36, Th Charoen Krung ; Oriental Pier)

Thailand Creative & Design Center
BIBLIOTHÈQUE

11 PLAN P. 120, B3

Ce nouveau "terrain de jeu de la créativité" occupe une bonne partie de la poste centrale de Bangkok, un bâtiment Art déco. Vous y trouverez une bibliothèque dédiée aux arts et au design, des espaces de travail, un espace d'exposition et un café, le tout dans un cadre magnifique. Les non-membres peuvent acheter un pass journée pour 100 B. (TCDC, ศูนย์สร้างสรรค์งานออกแบบ ; 02 105 7400 ; www.tcdc.or.th ; 1160 Th Charoen Krung ; 10h30-21h mar-dim)

Se restaurer

nahm
THAÏLANDAIS $$$

12 PLAN P. 120, G3

Créé il y a une vingtaine d'années par le chef australien David Thompson, ce restaurant, récompensé par les critiques du monde entier, figure aujourd'hui parmi les meilleures adresses de Bangkok. Thompson a consulté des livres de cuisine anciens pour revisiter des plats disparus, comme un "curry de poisson fumé avec crevettes, foies de volaille, coques, piments et poivre noir". (02 625 3388 ; www.comohotels.com ; rdc, Metropolitan Hotel, 27 Th Sathon Tai/South ; menu déj 600-1600 B, menu dîner 2 500 B, plats 310-800 B ; midi-14h lun-ven, 19h-22h30 tlj ; ; M Lumphini sortie 2)

Eat Me
INTERNATIONAL $$$

13 PLAN P. 120, E3

Avec des intitulés comme "salade de chicorée grillée et de mozzarella aux citrons confits et *cecina* de bœuf maturé", la carte peut sembler prétentieuse, mais les plats sont succulents. Une atmosphère détendue mais sophistiquée,

Réservations

Si vous êtes nombreux ou si vous souhaitez vous attabler dans un restaurant plutôt haut de gamme (y compris un hôtel-restaurant), la réservation est vivement conseillée. Mieux vaut aussi réserver pour les brunchs du dimanche et les dîners-croisières. En dehors de ces cas particuliers, vous n'aurez généralement aucun mal à trouver une table dans la grande majorité des restaurants de la capitale.

La fin de la cuisine de rue ?

Au milieu de l'année 2017, de nombreux médias rapportèrent que les stands et vendeurs de nourriture allaient être interdits dans les rues de Bangkok.

Habitants et visiteurs furent choqués et scandalisés par la nouvelle. La Tourism Authority of Thailand (TAT) se hâta de rectifier le tir. Même le ministère des Affaires étrangères de la Thaïlande se fendit d'une déclaration. Quelques jours plus tard, la Bangkok Metropolitan Authority (BMA), l'organisation chargée du contrôle des vendeurs de rue, qui était à l'initiative de l'interdiction, fit marche arrière, arguant que ses propos avaient été déformés et qu'elle prévoyait simplement de faire appliquer des lois déjà existantes.

Quelles conséquences pour les vendeurs de rue de Bangkok, dont le nombre est estimé à 20 000 ? Comme souvent en Thaïlande, la réponse est incertaine. Au moment d'imprimer ce guide, la BMA avait déployé une équipe d'agents pour faire respecter la réglementation à Banglamphu et Chinatown, mais demeurait vague quant à sa volonté de s'attaquer à la cuisine de rue dans d'autres quartiers de la ville. Pour l'heure, la situation semble au point mort, mais d'autres facteurs, notamment des projets de construction privés, ont déjà causé la disparition de certains des plus célèbres stands de Bangkok. Il est fort probable que dans le futur, les rues de la capitale seront plus propres et plus dégagées, mais bien moins savoureuses.

d'excellents cocktails, une belle carte des vins et d'irrésistibles desserts font de ce restaurant l'un de nos préférés à Bangkok. (☎ 02 238 0931 ; www.eatmerestaurant.com ; Soi Phiphat 2 ; plats 300-1400 B ; ⏲ 15h-1h ; ❄ ; M Si Lom sortie 2, S Sala Daeng sortie 2)

Muslim Restaurant THAÏ $

14 PLAN P. 120, B4

Dans un cadre qui vous donnera un aperçu des restaurants bangkokiens d'autrefois, cet établissement sert une cuisine qui ne semble pas non plus avoir changé en 70 ans. Ses biryanis, ses curries et ses samosas sont toujours davantage d'inspiration indienne que thaïlandaise. (1354-6 Th Charoen Krung ; plats 40-140 B ; ⏲ 6h30-17h30 ; Oriental Pier, S Saphan Taksin sortie 1)

Kai Thort Jay Kee THAÏLANDAIS $$

15 PLAN P. 120, H2

Si le *sôm·đam* (salade de papaye verte épicée), le riz gluant et le *lâhp* (salade épicée au bœuf émincé) de cet ancien stand de rue évoquent un restaurant de style nord-thaïlandais, le poulet frit qui donne son nom au lieu est en fait une spécialité du Sud. La volaille est couverte d'une épaisse couche croustillante d'ail frit. Une expérience authentiquement bangkokienne ! (Polo Fried Chicken ; 137/1-3 Soi Sanam Khlii/Polo ; plats 50-350 B ; 11h-21h ; ; Lumphini sortie 3)

Soi 10 Food Centres

THAÏLANDAIS $

16 PLAN P. 120, D3

Pareils à des hangars, ces deux bâtiments mitoyens cachés derrière le Soi 10 sont, à l'heure du déjeuner, le QG des employés de bureau du quartier. Vous pourrez choisir parmi d'authentiques *kôw gaang* (choix de curries avec du riz) et une grande variété de nouilles thaïlandaises. (Soi 10, Th Silom ; plats 20-60 B ; 8h-15h lun-ven ; Si Lom sortie 2, Sala Daeng sortie 1)

Never Ending Summer

THAÏLANDAIS $$$

17 PLAN P. 120, A2

Installé dans un ancien entrepôt, au bord du fleuve, ce restaurant raffiné attire une clientèle branchée par ses plats thaïlandais à l'ancienne tels que des cubes de pastèque servis avec une "sauce" sèche à base de poisson, de sucre et de coquilles Saint-Jacques frites ou un curry vert, très parfumé, au porc et aux piments oiseaux frais. (02 861 0953 ; www.facebook.com/theneverendingsummer ; 41/5 Th Charoen Nakhon ; plats 200-1000 B ; 11h-23h ; ; bateau pour traverser le fleuve depuis River City Pier)

Stand de cuisine de rue, Silom

Dîners-croisières

Plusieurs compagnies organisent des dîners-croisières le long du Chao Phraya. Tarifs entre 1500 B et 1700 B. Les croisières partent du River City Pier et durent 2 heures. Vous trouverez tous les renseignements nécessaires auprès du **guichet d'information de River City** (www.rivercity.co.th ; rdc, River City, 23 Th Yotha ; 10h-22h ; Si Phraya/River City Pier, ou navette fluviale depuis Sathon/Central Pier), qui vend des billets pour :

Grand Pearl (02 861 0255 ; www.grandpearlcruise.com ; croisière 2 000 B ; croisières 19h30-21h)

Chaophraya Cruise (02 541 5599 ; www.chaophrayacruise.com ; croisière 1 700 B ; croisières 19h-21h)

Wan Fah (02 622 7657 ; www.wanfah.in.th ; croisière 1 500 B ; croisières 19h-21h)

Chao Phraya Princess (02 860 3700 ; www.thaicruise.com ; croisière 1 500 B ; croisières 19h-21h30)

White Orchid (02 438 8228 ; www.whiteorchidrivercruise.com ; croisière 1 400 B ; croisières 19h20-21h45)

Supanniga Cruise (02 714 7608 ; www.supannigacruise.com ; croisière 1 250-3 250 B ; croisières 16h45-17h45 et 18h15-20h30)

Chennai Kitchen

INDIEN $

18 PLAN P. 120, C4

Cette minuscule cantine familiale proche du temple hindou sert une solide cuisine végétarienne du sud de l'Inde. La *dosai* (galette croustillante d'Inde du Sud) est une valeur sûre mais si vous êtes indécis (ou vraiment affamé), optez pour le *thali* (repas complet) servi dans une feuille de bananier : il semble comporter tous les ingrédients présents en cuisine. (107/4 Th Pan ; plats 70-150 B ; 10h-15h et 18h-21h30 ; ; S Surasak sortie 3)

Taling Pling

THAÏLANDAIS $$

19 PLAN P. 120, C4

Ne vous laissez pas déstabiliser par l'intérieur flashy : en activité depuis longtemps, le Taling Pling continue de servir un solide menu de spécialités thaïlandaises riches en saveurs. C'est une bonne base pour découvrir des mets du sud et du centre du pays, comme le *gaang kôo·a* (curry de crabe aux feuilles de bétel). Également des tartes et des gâteaux délicieux et des boissons rafraîchissantes. (Baan Silom, Soi 19, Th Silom ; plats 110-275 B ; 11h-22h ; ; S Surasak sortie 3)

Issaya Siamese Club

THAÏLANDAIS $$$

20 PLAN P. 120, H5

Installé dans une adorable villa des années 1920, Issaya répond à une volonté du célèbre chef thaïlandais Ian Kittichai de servir la cuisine de son pays natal sur ses terres. Au menu, les plats de viande en sauce côtoient des mets plus légers concoctés à partir des produits du jardin bio du restaurant. Le lieu est assez difficile à trouver ; mieux vaut venir en taxi via le Soi Ngam Du Phli. (02 672 9040 ; www.issaya.com ; 4 Soi Sri Aksorn ; plats 150-600 B ; 11h30-14h30 et 18h-22h30 ; ; M Khlong Toei sortie 1 et taxi)

Somboon Seafood

CHINOIS $$$

21 PLAN P. 120, D3

Cet établissement à l'ambiance frénétique est connu pour servir le meilleur curry de crabe de la capitale. Le bar cuit à la vapeur de soja (*blah grà·pong nêung si·éw*) est une autre spécialité de la maison, qui se déguste avec une immense assiette de *kôw pàt bou* (riz sauté au crabe). (02 233 3104 ; www.somboonseafood.com ; angle Th Surawong et Th Naradhiwas Rajanagarindra/Chong Nonsi ; plats 120-900 B ; 16h-23h ; ; S Chong Nonsi sortie 3)

Somtam Convent

THAÏLANDAIS $

22 PLAN P. 120, E3

La cuisine du nord-est de la Thaïlande est généralement reléguée dans des stands de rue peu hygiéniques, sans menu ni personnel anglophone. Installé de longue date, ce restaurant populaire rend accessibles les *lâhp* ("salade" de viande émincée), *sôm·đam* (salade de papaye) et autres délices de l'Isan (nord-est de la Thaïlande). ("Hai" ; 2/4-5 Th Convent ; plats 60-160 B ; 11h-21h lun-ven, 11h-17h sam ; ; M Si Lom sortie 2, S Sala Daeng sortie 2)

Bunker

AMÉRICAIN $$$

23 PLAN P. 120, D4

La carte, l'ambiance, les excellents cocktails et le service attentionné de Bunker vous donneront le sentiment d'être à Manhattan, mais en plus spacieux. Les tapas, assiettes à partager et plats généreux sont mitonnés à base de légumes (salade d'endives et topinambours) ou de viande de grande qualité (plat-de-côtes de wagyu). Parfait pour une occasion spéciale. (02 234 7749 ; www.bunkerbkk.com ; 118/2 Soi 12, Th Sathon Neua ; plats 450-900 B ; 17h30-23h ; S Chong Nonsi sortie 3)

Le Normandie

FRANÇAIS $$$

24 PLAN P. 120, A4

Certes, Bangkok compte aujourd'hui une myriade d'adresses haut de gamme, mais Le Normandie reste la seule table de la capitale pour une expérience culinaire digne de l'Ancien Continent de jadis. Différents chefs étoilés se succèdent en cuisine et les meilleurs ingrédients de la planète sont réunis pour honorer la réputation des lieux.

Réservation et tenue chic (veste pour les hommes) de rigueur. (☎02 659 9000 ; www.mandarinoriental.com ; Mandarin Oriental, 48 Soi 40/Oriental, Th Charoen Krung ; plats 2100-3300 B ; midi-14h30 et 19h-23h lun-sam, 19h-23h dim ; ❄ ; Oriental Pier ou bateau-navette de l'hôtel depuis Sathon/Central Pier)

Prendre un verre

Smalls

BAR

25 PLAN P. 120, F4

Bien qu'il n'ait ouvert qu'en 2014, Smalls semble exister depuis une éternité. Les points forts : une superbe décoration un brin impertinente, un toit-terrasse tentant, des soirées culinaires (consultez la page Facebook) et du jazz en live le mercredi. Les divers cocktails maison sont sucrés et corsés, et les en-cas varient des rillettes aux *quesadillas*. (www.facebook.com/smallsbkk ; 186/3 Soi Suan Phlu ; 20h30-tard ; M Lumphini sortie 2 et taxi)

Moon Bar

BAR

26 PLAN P. 120, G3

Sur ce toit-terrasse, seule une barrière ténue sépare les clients de la rue, 61 étages au-dessous. Tout en haut du Banyan Tree Hotel, le Moon Bar se présente comme l'un des bars en plein air les plus hauts du monde. Également un endroit fabuleux pour contempler la péninsule de Phrapradaeng, immense espace vert souvent surnommé le poumon de Bangkok. (www.banyantree.com ; 61e ét, Banyan Tree Hotel, 21/100 Th Sathon Tai/South ; 17h-1h ; M Lumphini sortie 2)

Ceresia

CAFÉ

27 PLAN P. 120, F3

Enfin une brûlerie permettant d'échapper aux sempiternelles chaînes internationales. Les grains d'excellente qualité proviennent de Thaïlande ou d'ailleurs, les boissons sont préparées avec expertise et les pâtisseries sont divines. Un vrai bonheur. (rdc, Tisco Tower, 48/2 Th Sathon Neua/North ; 8h-18h lun-ven, 9h-18h sam ; M Lumphini sortie 2)

Vesper

BAR

28 PLAN P. 120, E3

L'un des derniers-nés des bars de Bangkok n'a malheureusement rien que de très classique. Comme son nom l'indique, l'accent est mis sur les cocktails, dont plusieurs classiques remis à l'honneur et des mélanges de boissons vieillis en fût de chêne pendant 6 semaines. (www.vesperbar.co ; 10/15 Th Convent ; midi-14h30 et 18h-1h lun-ven, 18h-minuit sam, midi-14h30 dim ; M Si Lom sortie 2, S Sala Daeng sortie 2)

Namsaah Bottling Trust

BAR

29 PLAN P. 120, D3

Namsaah a l'art de susciter la surprise. Du local (une ancienne maison peinte en rose vif) aux cocktails (des classiques revisités) en passant par les en-cas et les plats (du genre *pàt tai* au foie gras), tout est un peu à l'écart des sentiers battus. (www.namsaah.com ; 401 Soi 7, Th Silom ; 17h-2h ; M Si Lom sortie 2, S Sala Daeng sortie 2)

Maggie Choo's

BAR

30 PLAN P. 120, B4

Une ancienne chambre forte à l'ambiance de fumerie d'opium de Chinatown, des passages secrets et des femmes alanguies en robe de soie : on en oublierait presque que Maggie Choo's est un bar, ne seraient-ce les cocktails créatifs (souvent sucrés) et la clientèle où se mêlent Thaïlandais adeptes de selfies et touristes curieux. (www.facebook.com/maggiechoos ; sous-sol, Novotel Bangkok Fenix Silom, 320 Th Silom ; 19h30-2h dim-jeu, 19h30-3h ven-sam ; S Surasak sortie 1)

Park Society

BAR

31 PLAN P. 120, H3

Surplombant la verdure du parc Lumphini et entouré de hauts immeubles sur quasiment tous les côtés, vous aurez l'impression de vous trouver en plein Manhattan. Les prix des boissons de Park Society, 29 étages au-dessus du sol, ont aussi un caractère new-yorkais, mais il y a d'intéressantes offres mensuelles. (29e ét, Sofitel So, 2 Th Sathon Neua/North ; 17h-2h ; M Lumphini sortie 2)

Sky Bar

BAR

32 PLAN P. 120, B4

Descendez l'escalier hollywoodien jusqu'à ce bar qui surplombe la ligne d'horizon de Bangkok et le Mae Nam Chao Phraya. Une

Sky Bar

NIKADA/GETTY IMAGES ©

Patpong : touristes dans le secteur des bars à hôtesses

Les nombreuses enseignes lunimeuses de Patpong laissent peu de doute sur l'industrie dominante de ce quartier, célèbre dans le monde entier pour ses bars à hôtesses et ses clubs de strip-tease organisant des spectacles "exotiques".

Les origines

Patpong occupe deux *soi* situés entre Th Silom et Th Surawong, dans le quartier financier de Bangkok. Les rues portent le nom de la famille sino-thaïlandaise qui en est la propriétaire : les Patpongpanich ont acheté cette terre dans les années 1940 et ont édifié Patpong Soi 1 et ses *shophouses* ; Soi 2 a vu le jour un peu plus tard. Pendant la guerre du Vietnam, les premiers bars et clubs ont ouvert leurs portes pour les soldats américains en permission. Le quartier s'est développé dans les années 1970 et a atteint son apogée dans les années 1980, quand l'office du tourisme thaïlandais a commencé à faire des "attractions" de Patpong un pilier de ses campagnes de communication.

La prostitution en Thaïlande

La prostitution est illégale en Thaïlande, mais il existe néanmoins deux millions de travailleurs du sexe qui, pour l'écrasante majorité d'entre eux (hommes et femmes), ont pour clients des hommes thaïlandais. La plupart de ces travailleurs viennent de régions pauvres, comme l'Isan au nord-est ; d'autres sont parfois des étudiants cherchant à financer leurs études. Les sociologues avancent que les Thaïlandais envisagent le sexe d'un point de vue moins moralisateur que les Occidentaux. Cela ne veut pas dire que les épouses thaïlandaises voient d'un bon œil leurs époux fréquenter des prostituées, mais ce n'est que récemment, grâce à l'émancipation des femmes à travers les études et le travail, que cette pratique très répandue a été remise en cause de façon plus virulente.

Patpong aujourd'hui

Patpong s'est quelque peu assagi, grâce, notamment, au marché de nuit qui s'installe dans le *soi* après 17h et qui attire tant de touristes que le quartier est devenu une sorte de parc à thème du sexe. On peut encore croiser beaucoup d'hommes d'âge moyen reluquant des danseuses dans les coins sombres des bars et payant des "amendes" pour pouvoir emmener une fille à l'hôtel. Mais les touristes et les familles venus là simplement par curiosité sont également très nombreux.

adresse incontournable à Bangkok : des scènes du film *Very Bad Trip 2* y ont été tournées. Le point de vue est époustouflant, mais les prix exorbitants et la foule qui se presse pour prendre des selfies gâchent un peu le plaisir. (www.lebua.com ; 63e ét, State Tower, 1055 Th Silom ; 18h-1h ; Sathon/Central Pier, S Saphan Taksin sortie 3)

Wong's Place

BAR

33 PLAN P. 120, H4

Ce troquet poussiéreux offre un voyage dans l'univers des *backpackers* du début des années 1980. Le propriétaire qui a donné son nom au lieu est décédé depuis plusieurs années, mais un membre de sa famille a pris le relais. Qu'il s'agisse d'un premier choix ou d'une solution de repli, ne venez pas avant 1h, car le bar reste ouvert jusqu'au départ du dernier client. (27/3 Soi Si Bamphen ; 21h-tard mar-dim ; M Lumphini sortie 1)

Cé La Vi

CLUB

34 PLAN P. 120, E4

Avec plusieurs bars, 3 restaurants et 2 clubs, Cé La Vi demeure le plus grand acteur des nuits de Bangkok, mais il est clair qu'il existe des lieux plus distingués. Droits d'entrée de 300 B après 22h les vendredi et samedi. (www.bkk.celavi.com ; 38e et 39e ét, Sathorn Sq Complex, 98 Th Sathon Neua/North ; 11h-1h lun-jeu, 11h-3h ven-sam ; S Chong Nonsi sortie 1)

Sortir

Tawandang German Brewery

MUSIQUE LIVE

35 PLAN P. 120, F6

Dans ce cabaret de la superficie d'un entrepôt, c'est l'Oktoberfest toute l'année ! La cuisine germano-thaïlandaise est savoureuse, les bières brassées sur place sont tout à fait correctes et le spectacle donné chaque soir à 20h30 invite à chanter à l'unisson. (www.tawandang.co.th ; angle Rama III et Th Narathiwat Ratchanakharin/Chong Nonsi ; 17h-1h ; S Chong Nonsi sortie 2 et taxi)

Bamboo Bar

MUSIQUE LIVE

Après plus de 60 ans d'existence, le Bamboo Bar du Mandarin Oriental (voir 24 plan p. 120, A4) demeure l'une des meilleures adresses de la capitale pour le jazz en live. Des chanteurs du monde entier passent par ici – consultez la programmation sur le site Internet – et la musique commence à 21h tous les soirs. (02 236 0400 ; rdc ; 17h-1h dim-jeu, 17h-2h ven-sam ; Oriental Pier ou bateau-navette de l'hôtel depuis Sathon/Central Pier)

Whiteline

BAR

36 PLAN P. 120, E3

Dans l'effervescence de Silom, cette *shophouse* de 6 étages transformée en espace artistique a de quoi combler tout le monde : projections de films, concerts de rock indé, soirées expositions consacrées aux talents locaux et fêtes débridées. On boit de la bière thaïlandaise et des alcools maison, ainsi que quelques IPA en bouteille importées. Consultez la page Facebook pour les événements à venir. (087 061 1117 ; www.facebook.com/whitelinebangkok ; Soi 8, Th Silom ; 19h-minuit jeu-dim ; M Si Lom sortie 2, S Sala Daeng sortie 1)

Calypso Bangkok CABARET

37 PLAN P. 120, A6

Situé dans le marché Asiatique (voir 40 plan p. 120, A6), Calypso est spécialiste du cabaret *gà·teu·i* (ou *kàthoey*), qui met en scène des artistes travestis ou transsexuels. (02 688 1415 ; www.calypsocabaret.com ; Asiatique, Soi 72-76, Th Charoen Krung ; adulte/enfant 900/600 B ; spectacle 20h15 et 21h45 ; navette fluviale depuis Sathon/Central Pier)

Bangkok Screening Room CINÉMA

38 PLAN P. 120, G3

Bangkok a de nombreux atouts pour attirer les touristes — le soleil, des bars fantastiques, une cuisine inoubliable et des prix bas –, mais la ville n'est pas connue pour être un paradis des arts. Le milieu du cinéma tente de faire une percée, un film d'art et d'essai après l'autre. Consultez la programmation sur le site Internet ; les réalisateurs thaïlandais en devenir sont à l'honneur.

Réservez vos billets la veille pour obtenir l'une des 50 places (une seule salle) et offrez-vous une

Asiatique

THEBIGLAND/SHUTTERSTOCK ©

bière artisanale avant la séance. (www.bkksr.com ; 8-9 Soi Sala Deang 1 ; M Si Lom sortie 2, S Sala Daeng sortie 4)

Sala Rim Naam
THÉÂTRE

39 PLAN P. 120, A3

L'historique Mandarin Oriental propose un dîner-spectacle dans un magnifique pavillon thaïlandais en teck situé de l'autre côté du fleuve, à Thonburi. Les prix élevés s'adressent à la clientèle huppée de l'hôtel, mais les spectacles sont de qualité. (02 437 3080 ; www.mandarinoriental.com/bangkok/fine-dining/sala-rim-naam ; Mandarin Oriental, Soi 40/Oriental, Th Charoen Krung ; billets adulte/enfant 2 000/1 700 B ; dîner et spectacle 20h15-21h30 ; Oriental Pier ou navette fluviale de l'hôtel depuis Tha Sathon/Central Pier)

Shopping

Asiatique
MARCHÉ

40 PLAN P. 120, A6

L'un des marchés nocturnes les plus populaires de Bangkok, Asiatique se compose d'entrepôts alignés au bord du Mae Nam Chao Phraya. Vous y trouverez des vêtements, de l'artisanat, des souvenirs et quelques bars et restaurants. Des navettes fluviales gratuites et fréquentes partent de Sathon/Central Pier de 16h à 23h30. (Soi 72-76, Th Charoen Krung ; 16h-23h ; navette fluviale depuis Sathon/Central Pier)

House of Chao
ANTIQUITÉS

41 PLAN P. 120, D3

Cette boutique d'antiquités, sur 3 étages dans une ancienne *shophouse*, recèle tout ce qu'il faut pour aménager une demeure coloniale. Ne manquez pas les portes et treillages anciens visibles dans le hangar, derrière la salle d'exposition. (9/1 Th Decho ; 9h30-19h ; S Chong Nonsi sortie 3)

Warehouse 30
ARTICLES POUR LA MAISON

42 PLAN P. 120, A3

La dernière tendance à Bangkok semble être la transformation d'anciens édifices utilitaires en lieux ultra-branchés mêlant raffinement artistique et commerce. Warehouse 30, l'exemple le plus récent et impressionnant, est une enfilade d'entrepôts datant de la Seconde Guerre mondiale et abritant un café, un fleuriste haut de gamme, une boutique d'objets vintage et d'articles pour la maison fabriqués localement ainsi qu'une minuscule épicerie bio. (52-60 Soi 30, Th Charoen Krung ; 11h-20h lun-ven, 10h-21h sam-dim)

River City
ANTIQUITÉS

43 PLAN P. 120, A2

Plusieurs boutiques d'art et d'antiquités occupent les 3e et 4e étages de ce centre commercial situé au bord du fleuve, mais comme c'est le cas chez de nombreux antiquaires de Bangkok, la grande majorité des pièces provient du Myanmar et, dans une moindre mesure, du Cambodge. Une navette fluviale gratuite pour River City part de Sathon/Central Pier toutes les 30 minutes, de 10h à 20h. (www.rivercity.co.th ; 23 Th Yotha ; 10h-22h ; Si Phraya/River City Pier, ou navette fluviale depuis Sathon/Central Pier)

Jim Thompson MODE ET ACCESSOIRES

44 PLAN P. 120, E2

Voici la plus grande enseigne de la chaîne fondée par Jim Thompson, qui relança l'industrie de la soie thaïlandaise à l'international. On y trouve des sets de table, des mouchoirs, des écharpes et des coussins. Les styles et les motifs séduiront une clientèle aux goûts classiques (www.jimthompson.com ; 9 Th Surawong ; 9h-21h ; M Si Lom sortie 2, S Sala Daeng sortie 3)

Tamnan Mingmuang ART ET ARTISANAT

45 PLAN P. 120, E3

En franchissant les portes de cette boutique digne d'un musée, on est aussitôt assailli par l'agréable odeur d'herbe séchée et de bois ciré. Les motifs de rotang (palmier à rotin), *yahn lí·pow* (sorte de fougère) et jacinthe d'eau finement tissés sur des étoffes semblables à des soieries, et les bols délicats sculptés dans des coques de noix de coco dureront plus longtemps que les souvenirs vendus dans les rues. (2e ét, Thaniya Plaza, Th Thaniya ; 10h-19h ; M Si Lom sortie 2, S Sala Daeng sortie 1)

Marché nocturne de Patpong

CARLOS HUANG/SHUTTERSTOCK ©

Attention aux contrefaçons

La contrefaçon est monnaie courante à Bangkok. Même si les prix peuvent vous sembler attractifs, sachez que la confection, la vente et l'achat de contrefaçons sont illégaux.

Chiang Heng

ARTICLES POUR LA MAISON

46 PLAN P. 120, B4

Si vous avez besoin d'un wok en inox fait main ou d'une passoire à lait de coco, rendez-vous dans ce magasin familial ouvert depuis 3 générations. Même si vos placards de cuisine sont pleins, l'endroit mérite le détour, ce genre de boutique spécialisée ayant presque totalement disparu à Bangkok. Enseigne en thaï ; repérez les portes bleues. (1466 Th Charoen Krung ; 10h30-19h ; Sathon/Central Pier, S Saphan Taksin sortie 3)

Thai Home Industries

ART ET ARTISANAT

47 PLAN P. 120, B4

Beaucoup plus amusant que les boutiques d'artisanat souvent anonymes de Bangkok, cet édifice pareil à un temple abrite une sélection de jolis paniers, chemises en coton, beaux couverts en acier inoxydable et délicates cuillères en nacre. (35 Soi 40/Oriental, Th Charoen Krung ; 9h-18h30 lun-sam ; Oriental Pier)

Marché nocturne de Patpong

CADEAUX ET SOUVENIRS

48 PLAN P. 120, E3

Depuis la création de ce marché, les clubs de strip-tease ne sont plus la seule "attraction" de Patpong. Dans ce quartier habitué aux activités illicites, les contrefaçons abondent (en particulier les montres) sous les yeux le plus souvent innocents d'une foule de familles et de couples. Marchandez ferme : les prix annoncés sont parfois exorbitants. (Th Phat Phong et Soi Phat Phong 2 ; 18h-minuit ; M Si Lom sortie 2, S Sala Daeng sortie 1)

Everyday by Karmakamet

CADEAUX ET SOUVENIRS

49 PLAN P. 120, F2

En partie café, en partie vitrine de la marque éponyme, c'est la boutique de souvenirs idéale avec son vaste choix de bougies, d'encens, d'huiles essentielles et autres articles parfumés ou non. (Soi Yada ; 10h-22h ; M Si Lom sortie 2, S Sala Daeng sortie 1)

Promenade à pied

Architecture des rives du fleuve

Bangkok n'est pas vraiment réputée pour son architecture séculaire, mais sur la route qui longe le Mae Nam Chao Phraya, Th Charoen Krung, s'élèvent bon nombre des édifices les plus intéressants. Ce quartier est également l'ancienne plus grande enclave étrangère de la ville, où vivent encore de nombreux musulmans.

La promenade

Départ S Saphan Taksin

Arrivée Viva & Aviv ; Tha Si Phraya/River City

Distance 3 km

Durée 2 à 3 heures

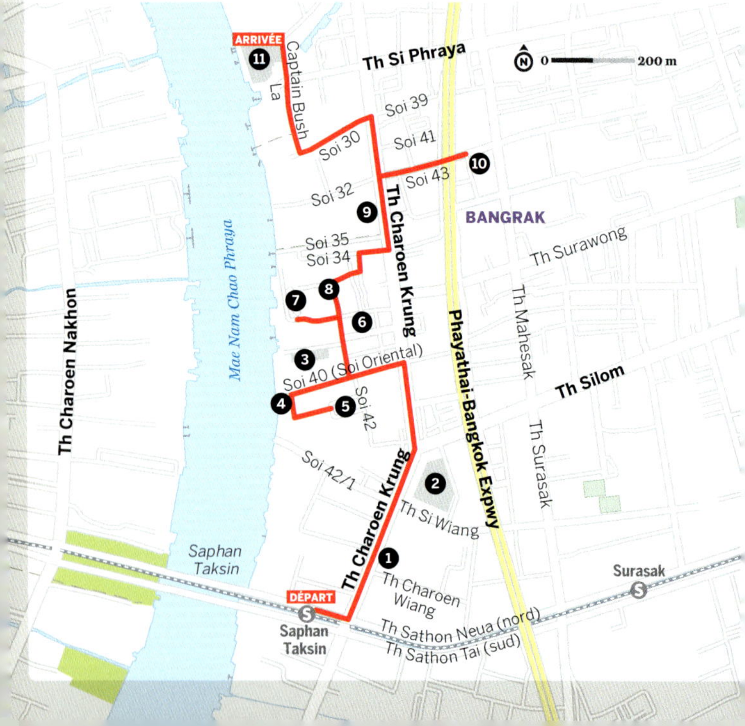

1 *Shophouses*

En partant de la station de BTS Saphan Taksin, allez vers le nord le long de Th Charoen Krung, en passant devant les **anciennes *shophouses*** entre Th Charoen Wiang et Th Silom.

2 State Tower

À l'intersection avec Th Silom s'élève l'imposante **State Tower**, de style néoclassique. Si c'est l'après-midi, montez au 63e étage pour prendre un verre au **Sky Bar** (plan p. 120, B4 ; www.lebua.com ; 63e ét, State Tower, 1055 Th Silom ; 18h-1h).

3 Mandarin Oriental

Prenez à gauche dans le Soi 40 pour voir le **Mandarin Oriental**, l'hôtel le plus haut et le plus ancien de Bangkok. L'aile des écrivains est la partie qui reste de l'édifice d'origine (1887).

4 East Asiatic Company

Face à l'entrée du Mandarin Oriental, admirez la façade vénitienne (1901) de l'**East Asiatic Company**, compagnie aérienne danoise.

5 Cathédrale de l'Assomption

Passez sous la passerelle reliant deux bâtiments à la **cathédrale de l'Assomption**, en brique rouge, qui date de 1909.

6 O.P. Place

Retournez dans le Soi 40 et prenez la première à gauche. Sur votre droite, l'**O.P. Place**, centre commercial dédié aux antiquités, occupe un bâtiment construit en 1908 pour abriter Falck & Beidek, un grand magasin allemand.

7 Ancien poste de douane

Dépassez les murs de l'ambassade de France et tournez à gauche, en direction du fleuve et de l'**ancien poste de douane** (1890).

8 Village Haroun

Revenez sur vos pas et tournez à gauche sous la pancarte verte indiquant "Haroon Mosque" (mosquée Haroun). Vous êtes dans le **Village Haroun**, une enclave musulmane.

9 Poste centrale

Après avoir traversé Haroun, empruntez le Soi 34 jusqu'à Th Charoen Krung. Prenez à gauche et traversez la rue en face du bâtiment Art déco de la **poste centrale**.

10 Bangkokian Museum

Prenez le Soi 43 vers l'est jusqu'au **Bangkokian Museum** (พิพิธภัณฑ์ชาวบางกอก, Musée bangkokien ; plan p. 120, B3 ; 273 Soi 43, Th Charoen Krung ; don apprécié ; 10h-16h mer-dim).

11 Viva & Aviv

Traversez Th Charoen Krung, prenez le Soi 30 et continuez le long de Captain Bush Lane jusqu'à River City et le bar **Viva & Aviv** (www.vivaaviv.com ; rdc, River City, 23 Th Yotha ; 11h-minuit), au bord du fleuve.

Centre Point
ERMINAL 21

Explorer
Thanon Sukhumvit

À chaque station de BTS (Skytrain) correspond une atmosphère particulière. Lower Sukhumvit, autour de la station Nana, rassemble touristes et expatriés. Middle Sukhumvit, au niveau de la station de BTS Asok et de la station de MRT (métro) Sukhumvit, est dominé par les hôtels de catégorie moyenne et les restaurants et entreprises internationaux. Les environs de la station Phrom Phong recèlent les propriétés de Thaïlandais fortunés et des enclaves japonaises bien entretenues. Vers l'est et la station Ekkamai, l'atmosphère devient plus provinciale et authentiquement thaïlandaise.

Commencez par un tour au marché de Khlong Toey (p. 144), le plus important et animé du centre de Bangkok. Ensuite, prenez le MRT pour aller visiter la Siam Society et Kamthieng House (p. 144), une maison-musée paisible, puis offrez-vous un déjeuner moyen-oriental au Nasir Al-Masri (p. 149), sur Sukhumvit. Démarrez la soirée par un cocktail au bar/galerie d'art WTF (p. 150). Pour dîner, que diriez-vous d'un restaurant thaïlandais huppé comme Bo.lan (p. 148) ? Poursuivez par un concert à The Living Room (p. 155).

Comment y aller et circuler

Le BTS longe Th Sukhumvit, ce qui rend le quartier très accessible.

S BTS Nana, Asok (correspondance avec la station de MRT Sukhumvit), Phrom Phong, Thong Lo, Ekkamai, Phra Khanong, On Nut, Bang Chak, Punnawithi, Udom Suk, Bang Na et Bearing.

M MRT Queen Sirikit National Convention Centre, Sukhumvit (correspondance avec la station de BTS Asok) et Phetchaburi.

Carte de Thanon Sukhumvit p. 142

Terminal 21, dans le quartier de Sukhumvit (p. 158)

A
B
C
D
1
2
3
4
5
6
22
31
16
19
Soi 3 (Nana)
Soi 5
Soi 7
Soi 11
Soi 13
Soi 15
Soi 21 (Asoke)
Soi 23
Soi Prasanmit
Soi Sawatdi
Rajawongse
43
Nana
47
Yoga Elements Studio
8
Raja's Fashions
Siam Society et Kamthieng House
37
18
Soi 31
30
15
Soi 19
1
Sukhumvit
38
45
42
Divana Massage & Spa
12
9
Soi 4
Soi 8
Soi 10
Soi 12
Asok
Soi 14
Soi 25
Soi 27
28
Soi 33
Tailor on Ten
Th Sukhumvit
Soi 31
Soi 31/1
Th Ratchadaphisek
Soi 18
40
21
Soi 33/1
46
Phrom Phong
Parc Benjakiti
Soi 16
Soi 20
Soi 22
Parc Benjasiri
Emporium
41
Lac Ratchada
Eight Limbs
7
11
25
Parc Benjakiti
4
Soi 22
Phussapa Thai Massage School
6
KHLONG TOEY
Soi 24
Soi 26
Queen Sirikit National Convention Centre
Queen Sirikit National Convention Centre
Soi 26
Khlong Toei
Rama IV
Th Ratchadaphisek
Nos adresses
Voir p. 144
Se restaurer p. 146
Prendre un verre p. 150
Sortir p. 155
Shopping p. 157
Marché de Khlong Toey
3

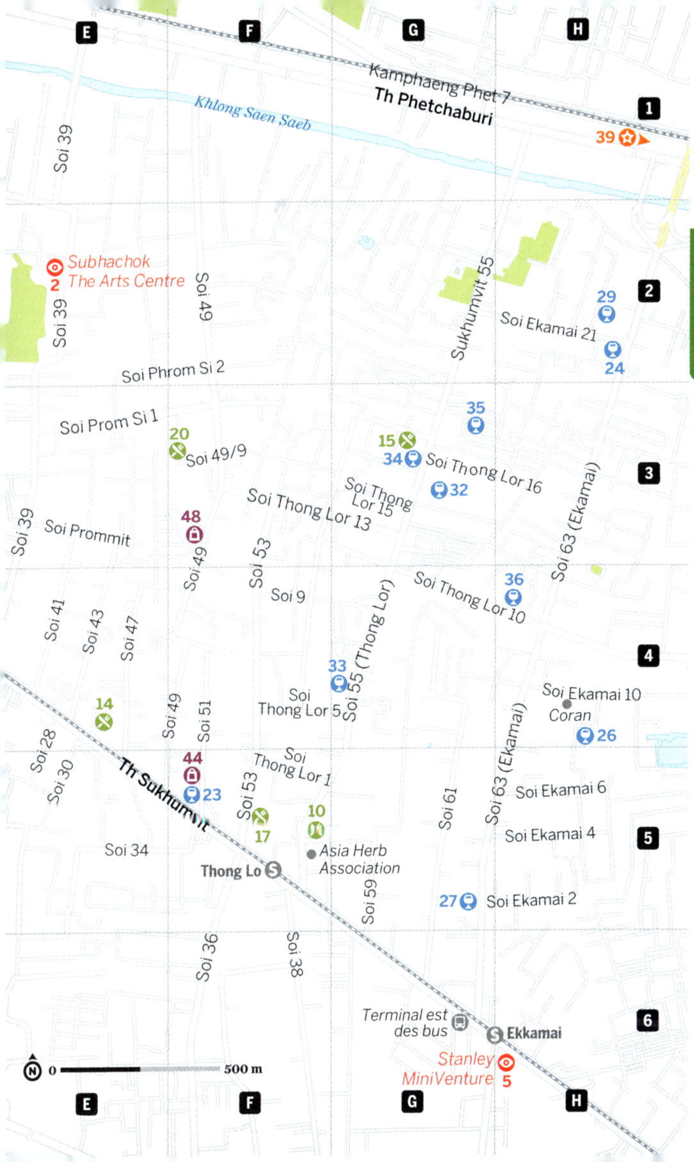
E
F
G
H
1
2
3
4
5
6
Kamphaeng Phet 7
Th Phetchaburi
Khlong Saen Saeb
39
Soi 39
2 Subhachok The Arts Centre
Soi 49
Sukhumvit 55
Soi Ekamai 21
29
24
Soi Phrom Si 2
Soi Prom Si 1
35
20
15
34
Soi 49/9
Soi Thong Lor 16
32
Soi Thong Lor 15
Soi Thong Lor 13
48
Soi Prommit
Soi 63 (Ekamai)
Soi 53
Soi 9
Soi Thong Lor 10
36
Soi 41
Soi 43
Soi 47
Soi 55 (Thong Lor)
33
Soi Ekamai 10
Coran
26
14
Soi 51
Soi Thong Lor 5
Soi 28
Soi 30
44
23
Th Sukhumvit
Soi Thong Lor 1
Soi 61
Soi Ekamai 6
17
10
Soi Ekamai 4
Soi 34
Asia Herb Association
Thong Lo
Soi 59
27
Soi Ekamai 2
Soi 36
Soi 38
Terminal est des bus
Ekkamai
Stanley MiniVenture 5
0
500 m

Voir

Siam Society et Kamthieng House

MUSÉE

1 PLAN P. 142, B2

Dans cette maison en bois traditionnelle, vous serez transporté dans un village du nord de la Thaïlande où vous découvrirez la vie quotidienne, avec ses tâches, ses rituels et ses croyances. Ce musée est géré par la Siam Society, également installée dans les lieux, connue pour être très active dans la préservation de la culture traditionnelle et qui publie le *Journal of the Siam Society*. (สยามสมาคม et บ้านคำเที่ยง ; www.siam-society.org ; 131 Soi 21/Asoke, Th Sukhumvit ; adulte/enfant 100 B/gratuit ; 9h-17h mar-sam ; M Sukhumvit sortie 1, S Asok sortie 3 ou 6)

La clé des *soi*

Tous les *soi* à numéro impair adjacents à Th Sukhumvit partent en direction du nord, tandis que les *soi* à numéro pair partent en direction du sud. Malheureusement, les *soi* ne se suivent pas (le Soi 11, par exemple, se trouve en face du Soi 8, et le Soi 39 en face du Soi 26). Les principaux *soi* sont aussi souvent connus sous un autre nom comme Soi Nana Neua (Soi 3), Soi Asoke (Soi 21), Soi Thong Lor (Soi 55) et Soi Ekamai (Soi 63).

Subhashok The Arts Centre

GALERIE D'ART

2 PLAN P. 142, E2

Dans une petite rue résidentielle donnant sur Th Sukhumvit, cette vaste galerie récente est l'un des espaces artistiques les plus ambitieux de la capitale. En collaboration avec la galerie Adler de Paris, elle accueille principalement des expositions de grands noms de la scène artistique thaïlandaise, souvent politiquement engagés. (SAC ; www.sac.gallery ; 160/3 Soi 33, Th Sukhumvit ; 10h-17h30 sam, midi-18h dim ; S Phrom Phong sortie 6 et taxi)

Marché de Khlong Toey

MARCHÉ

3 PLAN P. 42, B6

Presque tout ce que vous mangez à Bangkok provient probablement de ce marché de gros. Venez tôt, avec votre appareil photo ; bien que certains recoins ne soient pas franchement photogéniques, vous aurez envie d'immortaliser les montagnes de durians et la jovialité des poissonniers. À 10h, la plupart des vendeurs ont déjà remballé. (ตลาดคลองเตย ; angle Th Ratchadaphisek et Rama IV ; 5h-10h ; M Khlong Toei sortie 1)

Parc Benjakiti

PARC

4 PLAN P. 142, B5

Ce parc de 130 *rai* (20,8 hectares) a été aménagé sur une partie de l'ancien Tobacco Monopoly, vaste ensemble d'usines et d'entrepôts peu élevés possédé par la couronne. La piste de 2 km qui fait le tour du lac artificiel est parfaite pour le jogging et le vélo. Possibilité de **louer des vélos** (40 B/heure ; 8h-19h). (สวนเบญจกิติ ; Th Ratchadaphisek ; 5h-20h ; ; M Queen Sirikit National Convention Centre sortie 3)

Stanley MiniVenture MUSÉE

5 PLAN P. 142, H6

Cette reconstitution d'une ville entière en miniature ravira les enfants et les amateurs de modélisme ferroviaire. (www.stanleyminiventure.com ; 2e ét, Gateway Ekamai, 982/22 Th Sukhumvit ; adulte/enfant 500/400 B ; 10h-20h ;)

Phussapa Thai Massage School SANTÉ ET BIEN-ÊTRE

6 PLAN P. 142, D4

Cette école de massage thaïlandais, dirigée par un Japonais résidant à Bangkok depuis longtemps, propose une formation de base de 30 heures sur 5 jours, ainsi que des cours moins longs consacrés au massage des pieds et à l'automassage. (02 204 2922 ; www.facebook.com/phussapa ; 25/8 Soi 26, Th Sukhumvit ; cours à partir de 6 000 B, massage thaïlandais 250 B/heure ; cours 9h-16h, massage 11h-23h ; S Phrom Phong sortie 4)

Eight Limbs ARTS MARTIAUX

7 PLAN P. 142, D4

Ce petit gymnase propose des cours de *muay thai* (boxe

Lac Ratchada, parc Benjakiti

SVETLANA GAJIC/SHUTTERSTOCK ©

Cuisine internationale

Les différentes enclaves ethniques de Th Sukhumvit sont l'endroit idéal où tenter de nouvelles expériences culinaires. Surnommé Little Arabia, le Soi 3/1 compte plusieurs restaurants moyen-orientaux ; le Soi 12 réunit une poignée d'établissements coréens, et vous trouverez des restaurants japonais près de la station de métro aérien Phrom Phong.

thaïlandaise) d'une heure et demie, sans réservation, pour tous niveaux. Horaires disponibles sur la page Facebook. (☎090 987 9590 ; www.facebook.com/8LimbsBKK ; Soi 24, Th Sukhumvit ; cours à partir de 580 B ; ⏲10h-20h30 mar-dim ; S Phrom Phong sortie 2)

Yoga Elements Studio

YOGA

8 PLAN P. 142, B2

Géré par l'Américain Adrian Cox, qui a été formé au centre yoga Om de New York et enseigne principalement le *vinyasa* et l'*ashtanga*, ce studio de yoga est l'un des plus respectés de la ville. Au 7e étage, votre esprit sera tout à fait disposé à s'élever. (☎02 255 9552 ; www.yogaelements.com ; 7e ét, 185 Dhammalert Bldg, Th Sukhumvit ; cours à partir de 600 B ; S Chit Lom sortie 5)

Se restaurer

Sri Trat

THAÏLANDAIS $$

9 PLAN P. 142, D3

Nous vous recommandons vivement ce nouveau restaurant spécialisé dans la cuisine des provinces de Trat et de Chanthaburi, à l'est du pays. Au menu, une cuisine très aromatisée, aux herbes et légèrement sucrée, des produits de la mer frais et des plats que l'on ne trouve nulle part ailleurs dans la capitale. (www.facebook.com/sritrat ; 90 Soi 33, Th Sukhumvit ; plats 180-450 B ; ⏲midi-23h mer-lun ; ❄ ; S Phrom Phong sortie 5)

Soul Food Mahanakorn

THAÏLANDAIS $$

10 PLAN P. 142, F5

Cette adresse branchée et incontournable doit son succès à sa nature double, à la fois agréable restaurant – proposant de savoureuses interprétations de la cuisine rustique du pays – et bar aux délicieux cocktails d'inspiration thaïlandaise. Réservation conseillée. (☎02 714 7708 ; www.soulfoodmahanakorn.com ; 56/10 Soi 55/Thong Lor, Th Sukhumvit ; plats 140-290 B ; ⏲17h30-minuit ; ❄ 🍸 ; S Thong Lo sortie 3)

Jidori Cuisine Ken

JAPONAIS $$

11 PLAN P. 142, D4

Ce chaleureux japonais fait d'excellents plats à base de tofu, de délicieuses salades et même des desserts. Tout est d'une qualité supérieure, mais le summum, ce sont les brochettes de poulet fumé, assaisonnées à la perfection. Réservation recommandée. (☎ 02 661 3457 ; www.facebook.com/jidoriken ; près de Soi 26, Th Sukhumvit ; plats 60-350 B ; 17h-minuit lun-sam, 17h-22h dim ; ❄ ; S Phrom Phong sortie 4)

Appia

ITALIEN $$$

12 PLAN P. 142, D3

Entre les pâtes maison, les viandes cuites à basse température et les vins à la fois judicieusement choisis et relativement abordables, ce restaurant de cuisine romaine ne manque pas d'attraits. Cuisine thaïlandaise exceptée, cette adresse offre l'un des meilleurs rapports qualité/prix de la ville. Réservation conseillée. (☎ 02 261 2056 ; www.appia-bangkok.com ; 20/4 Soi 31, Th Sukhumvit ; plats 400-1 000 B ; 18h30-23h mar-sam, 11h30-14h30 et 18h30-23h dim ; ❄ ; S Phrom Phong sortie 5)

The Commons

MARCHÉ $$$

13 PLAN P. 142, G3

Cet ensemble de restaurants aux allures de marché ajoute une nouvelle touche branchée au Soi Thong Lor. On y trouve de nombreuses enseignes sûres, comme Soul Food 555, Peppina ou encore Meat & Bones, ainsi qu'un torréfacteur, un bar servant ses propres bières artisanales et un marchand de vins. L'endroit idéal pour passer une soirée tranquille au son des guitares. (www.thecommonsbkk.com ; 335 Soi 17, Soi 55/Thong Lor, Th Sukhumvit ; plats 500-2 000 B ; 8h-minuit ; ❄ ; S Thong Lo sortie 3 et taxi)

Quince

INTERNATIONAL $$$

14 PLAN P. 142, E4

En 2011, le Quince a fait une entrée très remarquée sur la scène gastronomique bangkokienne avec sa décoration industrielle-rétro et sa carte éclectique aux influences internationales. Depuis, sa formule a été archicopiée, mais il conserve sa première place grâce à son art de concocter des plats aux riches saveurs, souvent marqués par des influences espagnoles ou moyen-orientales. (☎ 02 662 4478 ; www.quincebangkok.com ; Soi 45, Th Sukhumvit ; plats 150-3 900 B ; 11h30-1h ; ❄ ; S Phrom Phong sortie 3)

Cooking with Poo & Friends

Ce **cours de cuisine** (☎ 080 434 8686 ; www.cookingwithpoo.com ; cours 1 500 B ; 8h30-13h ;) populaire a été créé par une habitante du bidonville de Khlong Toey et se déroule dans son quartier. Les cours, qu'il faut réserver, incluent la préparation de trois plats, une visite au marché de Khlong Toey et le transport depuis/vers l'Emporium Shopping Centre.

Myeong Ga

CORÉEN **$$$**

15 PLAN P. 142, B2

Au rez-de-chaussée du Sukhumvit Plaza (un centre commercial surnommé "Korean Town"), voici notre meilleure adresse à Bangkok pour goûter la véritable cuisine de Séoul. Si vous avez du temps, essayez le barbecue coréen. Sinon, il y a plusieurs plats savoureux pour une personne. (rdc, Sukhumvit Plaza, angle Soi 12 et Th Sukhumvit ; plats 200-950 B ; 11h-22h mar-dim, 16h-22h lun ; ; M Sukhumvit sortie 3, S Asok szortie 2)

Daniel Thaiger

AMÉRICAIN **$$**

16 PLAN P. 142, B1

Ce food truck tenu par un Américain sert d'excellents burgers. Lors de nos recherches, il était installé depuis longtemps dans Soi 11 ; vérifiez son emplacement sur la page Facebook. (084 549 0995 ; www.facebook.com/danielthaiger ; Soi 11, Th Sukhumvit ; plats à partir de 140 B ; 11h-tard ; S Nana sortie 3)

Bo.lan

THAÏLANDAIS **$$$**

17 PLAN P. 142, F5

Si la haute cuisine thaïlandaise est parfois plus tape-à-l'œil que savoureuse, Bo.lan est assurément une exception. Bo and Dylan (Bo.lan signifie aussi "ancien") mettent en œuvre une approche érudite qui se traduit par des menus généreux et délicieux faisant la part belle aux saveurs thaïlandaises. Il n'est pas possible de commander à la carte, mais des menus végétariens sont disponibles. Réservation

Soul Food Mahanakorn (p. 146)

TOMEATS - TRAVELLING AND EATING/GETTY IMAGES ©

conseillée. (☎02 260 2962 ; www.bolan.co.th ; 24 Soi 53, Th Sukhumvit ; menu 1 200-3 500 B ; 18h-22h30 mar-dim, midi-14h30 sam-dim ; ; S Thong Lo sortie 1)

Bharani THAÏLANDAIS $

18 PLAN P. 142, C2

Ce confortable restaurant thaïlandais sert des plats variés, du ragoût de langue de bœuf au riz frit à la pâte de crevettes, mais les véritables stars du menu sont les "*boat noodles*", plat consistant et riche en viande, qui tient son nom du fait qu'il était traditionnellement vendu depuis des bateaux qui traversaient les *klorng* (canaux) du centre de la Thaïlande. (Sansab Boat Noodle ; 96/14 Soi 23, Th Sukhumvit ; plats 60-250 B ; 11h-22h ; ; M Sukhumvit sortie 2, S Asok sortie 3)

Nasir Al-Masri MOYEN-ORIENT $$$

19 PLAN P. 142, A1

Parmi les divers restaurants moyen-orientaux de Soi 3/1, Nasir Al-Masri se reconnaît facilement à son impressionnant décor en inox, du sol au plafond. Côté carte, la viande prédomine comme souvent dans la cuisine moyen-orientale, mais il y a aussi de délicieux mezze végétariens. (4/6 Soi 3/1, Th Sukhumvit ; plats 160-370 B ; 24h/24 ; ; S Nana sortie 1)

Pier 21 THAÏLANDAIS $

Cet ensemble bruyant de stands de restauration se trouve au sommet d'un labyrinthe d'escalators, dans le centre commercial Terminal 21 (voir 46 plan p. 142, B3). Approvisionné par des fournisseurs de toute la ville, il offre un large choix – y compris un grand stand végétarien. Les prix sont particulièrement bas. (5e ét ; plats 40-200 B)

Non-fumeurs

Il est interdit de fumer dans les bars, les restaurants et les discothèques de Bangkok depuis 2008 (ainsi que dans certains établissements installés en plein air).

Klang Soi Restaurant THAÏLANDAIS $

20 PLAN P. 142, F3

Un vestige du Sukhumvit d'autrefois, dans le complexe du Racquet Club au bout de Soi 49/9. Le menu ronéotypé comprend de vieilles spécialités du centre et du sud du pays, ainsi que quelques plats occidentaux. (Soi 49/9, Th Sukhumvit ; plats 80-250 B ; 11h-14h30 et 17h-22h mar-dim ; ; S Phrom Phong sortie 3 et taxi)

Saras INDIEN $

21 PLAN P. 142, C4

Commandez au comptoir des *dosa* croustillants, des menus végétariens régionaux ou de délicieux curries, et on vous apportera vos plats à table. Un

Pourboires

L'usage en matière de pourboire en Thaïlande est assez flou. Certains laissent environ 10% de supplément dans les restaurants où les serveurs remplissent leur verre dès qu'ils prennent une gorgée. Mais d'autres ne le font pas. La plupart des restaurants élégants ajoutent 10% à l'addition pour le service. Certains clients laissent un pourboire en plus du service ; d'autres pas. À vous de choisir.

fast-food de haute volée ! (www.saras.co.th ; Soi 20, Th Sukhumvit ; plats 90-200 B ; 9h-22h30 ; ; M Sukhumvit sortie 2, S Asok sortie 4)

Prendre un verre

WTF

BAR

Situé près du Studio Lam (voir 23 plan p. 142, F5), le WTF (Wonderful Thai Friendship) est un bar sympathique et branché qui se double d'une galerie d'art. Bobos et expatriés s'y retrouvent pour siroter un cocktail, écouter un concert ou des DJ, assister à une lecture de poésie, voir une exposition ou déguster de délicieux en-cas. (www.wtfbangkok.com ; 7 Soi 51, Th Sukhumvit ; 18h-1h mar-dim ; ; S Thong Lo sortie 3)

Q&A Bar

BAR

22 PLAN P. 142, C1

Imaginez une voiture-restaurant ou un hall d'aéroport des années 1950 et vous aurez une idée assez précise de l'intérieur du Q&A. La courte sélection de cocktails s'éloigne un peu des classiques, mais les bonnes manières et une tenue soignée sont encouragées. (www.qnabar.com ; 235/13 Soi 21/Asoke, Th Sukhumvit ; 19h-2h lun-sam)

Studio Lam

BAR, CLUB

23 PLAN P. 142, F5

Nouveau bar de la maison de disques super branchée ZudRangMa, le Studio Lam bénéficie d'une sono de style jamaïcain conçue sur mesure pour des DJ internationaux ou rétro-thaïlandais et des spectacles live. Pour danser jusqu'au bout de la nuit sur d'autres morceaux que les tubes démodés du Top 50 ! (www.facebook.com/studiolambangkok ; 3/1 Soi 51, Th Sukhumvit ; 18h-1h mar-dim ; S Thong Lo sortie 3)

Tuba

BAR

24 PLAN P. 142, H2

À la fois dépôt de meubles vintage de grande qualité, restaurant et sympathique rendez-vous des assoiffés du coin, ce bar atypique ne manque pas de pittoresque. Offrez-vous une bouteille entière (on vous la gardera pour une prochaine fois si vous ne la finissez pas) et régalez-vous d'ailes de poulet ou de délicieux *lâhp* frits ("salade" de viande émincée et épicée). (www.facebook.com/tubabkk ; 34 Room 11-12 A, Soi Thong Lor 20/Soi Ekamai 21 ; 11h-2h ; S Ekkamai sortie 1 et taxi)

Waon

KARAOKÉ

25 PLAN P. 142, D4

Est-ce vraiment à cause de la musique enregistrée que vous ne révélez pas tout votre talent de chanteur de karaoké ? Ici, un pianiste joue en direct. La musique et la clientèle sont majoritairement japonaises, mais le sympathique propriétaire passe volontiers des classiques occidentaux. Et si vous ne voulez pas chanter, jouez des maracas, du bongo ou de la guitare acoustique ! (10/11 Soi 26, Th Sukhumvit ; 20h-1h lun-sam)

Mikkeller

BAR

26 PLAN P. 142, H4

Ces brasseurs danois "bohémiens" et branchés se sont installés à

Applications de chauffeurs privés

Vous en avez assez des chauffeurs de taxi qui refusent d'utiliser le compteur et de vous emmener là où vous le souhaitez ? Rassurez-vous, il existe à Bangkok d'autres solutions que les taxis traditionnels.

Uber (www.uber.com/cities/bangkok), l'application de chauffeurs privés la plus célèbre (et la plus controversée) du monde, est arrivée en Thaïlande en 2014. Elle est rapidement devenue populaire en raison des désagréments récurrents liés aux taxis : problèmes de communication, absence de monnaie et chauffeurs imprudents. Pourtant, fin 2014, le département du Transport terrestre thaïlandais a déclaré l'entreprise illégale, les véhicules n'étant pas répertoriés, les tarifs non régulés et les chauffeurs n'ayant pas besoin de licence. La situation en était là lors de nos recherches, et Uber continuait à opérer, mais plus discrètement.

D'autres applications, comme **Grab Taxi** (www.grabtaxi.com/th) et **Easy Taxi** (www.easytaxi.com/th), passent par des taxis déjà enregistrés et ne sont donc pas concernées par cette décision. Une application thaïlandaise, **All Thai Taxi** (www.allthaitaxi.com), a été créée en 2015.

Si vous préférez la vieille école, voici quelques conseils : évitez les taxis garés devant les hôtels ou dans les zones touristiques, qui n'allument jamais leur compteur et sont très sélectifs sur leurs destinations. Mieux vaut vous éloigner de quelques pâtés de maisons et héler un taxi en marche.

Heures d'ouverture

Depuis 2004, les autorités exigent que la plupart des bars et discothèques de Bangkok ferment à 1h. Un système de zonage permet à certains établissements situés dans des "zones de loisirs" – dont RCA, Th Silom et des portions de Th Sukhumvit – de rester ouverts jusqu'à 2h, mais ces autorisations sont soumises au bon vouloir de la police.

Bangkok où ils proposent plus de 30 bières à la pression. Le bar est accueillant, les en-cas sont bons et les bières vont du local (Sukhumvit Brown Ale) au délirant (Beer Geek, une stout à l'avoine à 13 degrés d'alcool). (www.mikkellerbangkok.com ; 26 Yaek 2, Soi Ekamai 10 ; 17h-minuit ; S Ekkamai sortie 1 et taxi)

A R Sutton & Co Engineers Siam

BAR

27 PLAN P. 142, G5

Tuyauterie en cuivre, antiquités disséminées çà et là, panneaux de zinc au plafond et rangées de flacons et de babioles créent le décor fantastique de ce bar unique à la beauté étrange. La distillerie adjacente alimente les cocktails qui y sont servis, principalement à base de gin. (Parklane, Soi 63/Ekamai, Th Sukhumvit ; 18h-minuit ; S Ekkamai sortie 2)

Walden

BAR

28 PLAN P. 142, D3

Passé l'ambiance hyperminimaliste, les subtiles touches japonaises de ce nouveau bar en font l'un des lieux les plus accueillants de la ville. La courte carte va des "whiskies à l'eau" japonais aux bières artisanales américaines, et comprend quelques en-cas simples mais délicieux. (7/1 Soi 31, Th Sukhumvit ; 18h30-1h lun-sam ; S Phrom Phong sortie 5)

Sugar Ray

BAR

29 PLAN P. 142, H2

Tenu par une sympathique bande de garçons, le Sugar Ray est un bar cool qui concocte d'insolites et amusants cocktails comme l'Old Fashioned, composé de vieux rhum, d'orange et de sirop de cardamome avec un morceau de bacon caramélisé. (www.facebook.com/sugarraybkk ; près de Soi Ekamai 21 ; 20h-2h mer, ven-sam ; S Ekkamai sortie 1 et taxi)

Dim Dim

BAR

30 PLAN P. 142, D2

Ce bar à cocktails de Phrom Phong éclairé à la bougie témoigne du goût des Bangkokiens pour les bars à la chinoise. Le rouge, couleur de la chance en Chine, domine le décor, tandis qu'une rangée de chats porte-bonheur dorés vous invitent de la patte à goûter un cocktail chrysanthème à base de vodka, la spécialité de la maison. Vous pouvez également opter pour un "Oolong Tea and Orange Sour", version asiatique du Whiskey Sour à base de thé Oolong et de bourbon infusé à l'écorce d'orange. (☎ 02 085 2788 ; www.facebook.com/dimdimbarbkk ; 27/1 Soi 33, Th Sukhumvit ; ⌚ 18h30-1h30 lun-sam ; S Phrom Phong sortie 5)

Havana Social Club

CLUB

31 PLAN P. 142, A1

Localisez la cabine téléphonique, composez le code secret (avec l'aide du portier), et vous voilà dans La Havane prérévolutionnaire. Un peu bar, un peu discothèque, le Havana associe musique live, bonnes boissons et foule d'expats maîtrisant tous les pas de danse à la mode. (www.facebook.com/pg/havanasocialbkk ; Soi 11, Th Sukhumvit ; ⌚ 18h-2h)

Beam

CLUB

32 PLAN P. 142, G3

Incontestablement le club du moment. Des DJ invités de haut niveau mixent de la deep house et de la techno pour une foule éclectique qui fait vibrer la piste de danse. Programme des événements sur le site Internet. (www.beamclub.com ; 72 Courtyard, 72 Soi 55/Thong Lor, Th Sukhumvit ; ⌚ 21h-tard mer-sam ; S Thong Lo sortie 3 et taxi)

J Boroski Mixology

BAR

33 PLAN P. 142, G4

J. Boroski, à qui le lieu doit son nom, a innové en créant cet

Cocktail thaïlandais à l'orange

Pause massage

Th Sukhumvit abrite quelques-uns des spas et instituts de massage les plus réputés de Bangkok :

Asia Herb Association (plan p. 143, F5 ; 02 392 3631 ; www.asiaherbassociation.com ; 58/19-25 Soi 55/Thong Lor, Th Sukhumvit ; massage thaïlandais 500 B/heure, avec compresses aux herbes 1 100 B/1 heure 30 ; 9h-minuit ; S Thong Lo sortie 3). Spécialiste des massages aux *prà·kóp*, des compresses à base de 18 herbes différentes.

Coran (plan p. 143, H4 ; 02 726 9978 ; www.coranbangkok.com ; 94-96/1 Soi Ekamai 10, Soi 63/Ekamai, Th Sukhumvit ; massage thaïlandais à partir de 600 B/h ; 11h-22h ; S Ekkamai sortie 4 puis taxi). Un petit spa élégant, installé dans une maison thaïlandaise.

Divana Massage & Spa (plan p. 142, C3 ; 02 261 6784 ; www.divanaspa.com ; 7 Soi 25, Th Sukhumvit ; massage à partir de 1 200 B, forfaits spa à partir de 2 650 B ; 11h-23h lun-ven, 10h-23h sam-dim ; M Sukhumvit sortie 2, S Asok sortie 6). Cadre authentique et intime, dans une jolie villa thaïlandaise entourée d'un jardin luxuriant.

équivalent moderne d'un bar clandestin. Dites au barman les arômes dont vous rêvez, et, avec les meilleurs alcools et des ingrédients uniques, il vous concoctera un cocktail mémorable. Le bar se situe dans une rue sans nom près de Soi Thong Lor 7 ; pour plus de précisions, voir le site Internet. (www.josephboroski.com ; près de Soi 55/Thong Lor, Th Sukhumvit ; 19h-2h ; ; S Thong Lo sortie 3 et taxi)

Badmotel

BAR

34 PLAN P. 142, G3

Badmotel a l'art d'associer moderne et kitsch, cosmopolite et thaïlandais pour toucher la corde sensible des Bangkokiens branchés. C'est manifeste dans le mélange de Hale's Blue Boy, boisson des enfants thaïlandais, avec du rhum ou dans le *naam prik ong* (sauce du nord de la Thaïlande) servi avec des papadums. (www.facebook.com/badmotel ; 331/4-5 Soi 55/Thong Lor, Th Sukhumvit ; 17h-1h ; S Thong Lo sortie 3 et taxi)

Shades of Retro

BAR

35 PLAN P. 142, G3

Comme son nom l'indique, cet endroit porte à son comble le culte du vintage. Vous devrez naviguer entre des Vespa et de vieux canapés en faux cuir pour rejoindre votre siège, mais vous serez récompensés par un service amical, du pop-corn gratuit et une bande-son thaïlandaise variée (les gérants possèdent le label indépendant Small Room). (www.facebook.com/shadesofretrobar ; Soi Thararom 2, Soi 55/Thong Lor, Th Sukhumvit ; 17h-2h ; S Thong Lo sortie 3 et taxi)

Demo — CLUB

36 PLAN P. 142, H4

Les basses explosent dans ce club aux allures d'entrepôt new-yorkais. Le vendredi et le samedi, l'entrée est à 400 B pour les étrangers. Pièce d'identité exigée à l'entrée. (www.facebook.com/demobangkok ; Arena 10, Soi Thong Lor 10/Soi Ekamai 5 ; 21h-2h ; S Ekkamai sortie 2 et taxi)

Glow — CLUB

37 PLAN P. 142, C2

Véritable institution de la vie nocturne de Bangkok, cette minuscule discothèque bénéficie d'une sono de première catégorie et d'une solide réputation underground. DJ invités et événements sur la page Facebook. (www.facebook.com/GlowBkk ; 96/415 Soi Prasanmit ; à partir de 350 B ; 21h-3h mer-sam, 21h-minuit dim ; M Sukhumvit sortie 2, S Asok sortie 3)

Sing Sing Theater — BAR

Des danseuses vêtues de robes *cheongsam* ou de combinaisons spatiales fluos (selon la nuit) errent entre les salles secrètes, les plateformes et la petite piste de danse du bar/discothèque irréel du restaurant Quince (voir 15 plan p. 142, E4). Les boissons fortement alcoolisées renforcent l'impression de se trouver dans une fumerie d'opium chinoise. Consultez la liste des soirées à thème sur la page Facebook (www.facebook.com/SingSingTheater). (www.singsingbangkok.com ; 21h-2h mar-dim ; S Thong Lo sortie 1)

Sortir

The Living Room — CONCERTS

38 PLAN P. 142, B3

Ne vous fiez pas aux apparences : tous les soirs, ce bar d'hôtel plutôt morne devient l'une des meilleures adresses de la ville pour écouter des pointures du jazz, confortablement installé dans un fauteuil. Renseignez-vous pour connaître la programmation. Entrée à 300 B après 20h30. (02 649 8888 ; www.thelivingroomatbangkok.com ; 1er ét, Sheraton Grande Sukhumvit, 250 Th Sukhumvit ; 18h-minuit ; M Sukhumvit sortie 3, S Asok sortie 2)

Nuit, mode d'emploi

Les rues qui partent de Th Sukhumvit abritent quelques-uns des clubs les plus prisés de Bangkok. Les étudiants ont une préférence pour le Soi 63/Ekamai ; la jet-set locale fréquente plutôt le Soi 55/Thong Lor ; quant aux expatriés et aux touristes, ils se retrouvent le long de Soi 11.

Se faire tailler un costume

La section de Th Sukhumvit située entre les stations de BTS Nana et Asok abrite certains des plus fameux tailleurs de Bangkok.

Tailor on Ten (plan p. 142, A3 ; 084 877 1543 ; www.tailoronten.com ; 93 Soi 8, Th Sukhumvit ; 9h30-19h lun-sam). Cette maison tenue par des Occidentaux a acquis une solide réputation et une clientèle fidèle grâce à ses prix fixes et, surtout, son excellent travail.

Raja's Fashions (plan p. 142, A2 ; 02 253 8379 ; www.rajasfashions.com ; 160/1 Th Sukhumvit ; 10h30-20h lun-sam ; S Nana sortie 4). Tailleur de longue date doué d'une excellente mémoire des noms, Bobby vous donnera le sentiment d'être aussi important que la longue liste de personnes illustres qu'il a habillées.

Rajawongse (plan p. 142, A2 ; 02 255 3714; www.dress-for-success.com ; 130 Th Sukhumvit ; 10h30-20h lun-sam ; S Nana sortie 2). Les créations de Jesse et Victor sont très appréciées des visiteurs et expatriés américains.

Lam Sing

CONCERTS

39 PLAN P. 142, H1

Même le David Bowie de la période Ziggy Stardust passerait pour un enfant de chœur dans ce repaire sombre, décadent et plein de strass, l'une des meilleures adresses de la ville pour écouter du *mŏr lam* et du *lôok tûng*, des musiques ayant leurs racines dans le nord-est rural de la Thaïlande. Attendez-vous à un spectacle très sonore, avec des musiciens accompagnés de danseurs aux costumes tape-à-l'œil et aux chorégraphies pointilleuses. Pas d'enseigne en anglais, mais la plupart des chauffeurs de taxi connaissent l'endroit. (อีสานลำซิ่ง ; www.facebook.com/isanlamsing ; 57/5 Th Phet Phra Ram ; 21h30-4h ; S Ekkamai sortie 1 et taxi)

Titanium

CONCERTS

40 PLAN P. 142, C3

La plupart des clients fréquentent ce "bar de glace" pour la fraîcheur, les serveuses court vêtues et les vodkas aromatisées. Quant à nous, c'est pour Unicorn, le groupe de rock maison exclusivement féminin qui se produit tous les soirs du lundi au samedi. (www.titaniumbangkok.com ; 2/30 Soi 22, Th Sukhumvit ; 20h-1h ; S Phrom Phong sortie 6)

Friese-Greene Club

CINÉMA

41 PLAN P. 142, C4

Aux antipodes des immenses cinémas des centres

commerciaux de Bangkok, ce petit cinéma privé ne compte que 9 places ! Pour connaître les films à l'affiche, consultez le programme sur le site Internet du cinéma. (FGC ; 087 000 0795 ; www.fgc.in.th ; 259/6 Soi 22, Th Sukhumvit ; S Phrom Phong sortie 6)

Soi Cowboy
QUARTIER CHAUD

42 PLAN P. 142, C3

Cette rue étroite bordée de bars à hôtesses s'est transformée en quartier chaud après la guerre du Vietnam. Un véritable commerce de la chair prospère parmi les néons. (Soi Cowboy ; 16h-2h ; M Sukhumvit sortie 2, S Asok sortie 3)

Shopping

ZudRangMa Records
MUSIQUE

44 PLAN P. 142, F5

Le siège de ce label musical consacré aux musiques traditionnelles thaïlandaises et internationales, et à leurs évolutions plus récentes, offre l'occasion de passer d'un disque à l'autre en sirotant un verre. On peut y dénicher de vieux vinyles de reprises thaïlandaises ou encore des compilations très prisées de *mŏr lam* et *lôok tûng* (musique country thaïlandaise). (www.zudrangmarecords.com ; 7/1 Soi 51, Th Sukhumvit ; 14h-21h mar-dim ; S Thong Lo sortie 1)

Soi Cowboy

Terminal 21 CENTRE COMMERCIAL

45 PLAN P. 142, B3

Apparemment conçu pour satisfaire l'étonnante passion des Thaïlandais consistant à se faire photographier devant des décors toujours plus délirants, ce nouveau centre commercial mérite la visite autant pour le spectacle que pour faire des emplettes. Pour commencer, rendez-vous à l'"aéroport" du sous-sol et poursuivez à l'étage dans les différents espaces baptisés "Paris", "Tokyo" et autres grandes villes. Peut-être même vous laisserez-vous tenter par un achat, qui sait ? (www.terminal21.co.th ; angle Th Sukhumvit et Soi 21/Asoke ; 10h-22h ; M Sukhumvit sortie 3, S Asok sortie 3)

Emquartier CENTRE COMMERCIAL

46 PLAN P. 142, D4

Ce centre commercial est l'un des plus récents de la capitale et sans doute l'un des plus tape-à-l'œil. On y vient pour des marques que l'on trouve difficilement ailleurs ou pour se perdre dans l'Helix, interminable spirale composée de plus de 50 restaurants. (www.theemdistrict.com ; 693-695 Th Sukhumvit ; 10h-22h ; S Phrom Phong sortie 1)

Marché de Thanon Sukhumvit SOUVENIRS

47 PLAN P. 142, A2

Ce marché qui s'adresse principalement aux personnes en voyage organisé et aux touristes sexuels regorge de vêtements et de montres de contrefaçon, de DVD

Emquartier

pornos, d'armes traditionnelles japonaises et d'autres objets d'un goût douteux. (entre Soi 3 et Soi 15, Th Sukhumvit ; 11h-23h mar-dim ; S Nana sorties 1 et 3)

Quartor

MODE ET ACCESSOIRES

Cette zone dédiée aux designers thaïlandais occupe presque un étage entier du centre commercial Emquartier (voir 46 Plan p. 142, D4). On y trouve principalement des articles féminins de toutes les meilleures marques nationales, du style le plus conservateur au plus outrancier. (2e ét, bât C ; 10h-22h)

Another Story

ARTICLES DE MAISON

Situé au 4e étage de l'Emquartier (voir 46 plan p. 142, D4), Another Story s'est autoproclamé "magasin concept lieu de vie". On le décrirait plutôt comme un sympathique assemblage de beaux objets. Même sans acheter, on s'amuse bien à fouiner parmi des articles thaïlandais uniques, comme les céramiques Prempacha de Chiang Mai, les articles en cuir de la marque Labrador ou encore les savons, huiles et bougies parfumés de BsaB. (10h-22h)

Duly

VÊTEMENTS

48 PLAN P. 142, F3

Tissus italiens de grande qualité et tailleurs chevronnés font de Duly l'une des meilleures adresses de Bangkok pour se faire couper une chemise. (02 662 6647 ; www.laladuly.co.th ; Soi 49, Th Sukhumvit ; 10h-19h ; S Phrom Phong sortie 1)

Sop Moei Arts

ARTISANAT

Le showroom local de cette organisation à but non lucratif abrite les éclatantes créations textiles des tisseurs Karen, de Mae Hong Son dans le nord de la Thaïlande. Au bout de Soi 49/9, dans l'enceinte du Racquet Club (voir 20 plan p. 142, F3). (www.sopmoeiarts.com ; 9h30-17h mar-sam)

Vaut le détour

Marché du week-end de Chatuchak

Imaginez tous les marchés de Bangkok regroupés en un seul lieu... Chatuchak (ou "Jatujak" – et surnommé "JJ"), immense marché aux bonnes affaires, est une véritable ville dans la ville qui attire les foules, malgré la chaleur étouffante. Une fois immergé dans ses entrailles, vous aurez l'impression d'être dans un labyrinthe sans issue, mais l'organisation spatiale de Chatuchak suit en réalité une certaine logique.

ตลาดนัดจตุจักร
www.chatuchakmarket.org
587/10 Th Phahonyothin
7h-18h mer-jeu plantes uniquement, 18h-minuit ven vente en gros uniquement, 9h-18h sam-dim
M Chatuchak Park sortie 1, Kamphaeng Phet sorties 1 et 2, S Mo Chit sortie 1

Antiquités, accessoires et souvenirs

On trouve dans la section 1 des statues de Bouddha, des vieux 33-tours et d'autres objets anciens. Les productions artisanales, comme les instruments de musique et les créations des tribus montagnardes, se trouvent aux sections 25 et 26.

Art

La section 7 est une sorte de galerie d'art contemporain à ciel ouvert. Les orchestres s'en donnent à cœur joie, et les stands changent souvent de main.

Vêtements et accessoires

Les vêtements occupent la majorité des stands de Chatuchak, dont toutes les sections paires de la section 8 à la section 24. Les sections 5 et 6 vendent des vêtements d'occasion pour tous les styles, des punks aux cow-boys ; le Soi 7, lorsqu'il traverse les sections 12 et 14, privilégie les modes hip-hop et skate. Les vêtements et textiles des sections 8 et 10 s'adressent plutôt aux touristes.

Les sections 2 et 3, surtout le Soi 2 bordé d'arbres de la première, sont en quelque sorte le Siam Square de Chatuchak ; elles regroupent des marques indépendantes branchées. Plus au nord, le Soi 4 de la section 4 compte plusieurs boutiques vendant des T-shirts locaux originaux.

Articles ménagers et de décoration

La partie ouest du marché, en particulier les sections 8 à 26, est spécialisée dans les articles ménagers en tous genres, des bassines en plastique bon marché aux luxueux woks en cuivre. L'endroit idéal pour acheter de la céramique thaïlandaise à prix

★ À savoir

- On trouve des plans schématiques un peu partout dans Chatuchak ; pour plus de détails (et de bons conseils), investissez dans la **Nancy Chandler's Map of Bangkok** (www.nancychandler.net), disponible dans la plupart des librairies de la ville.
- Arrivez au marché de Chatuchak le plus tôt possible (dans l'idéal vers 9-10h), avant la foule et la chaleur.

Une petite pause ?

- Pour déjeuner à l'écart de la foule, il suffit de traverser Th Kamphaengphet jusqu'aux stands de restauration du marché d'Or Tor Kor (p. 162).
- Si une envie soudaine de bière fraîche vous prend au cœur du marché, faites une halte au Viva's (p. 162).

doux, des céladons aux bols à coq traditionnels de la province de Lampang.

Animaux domestiques

Les vitrines "attendrissantes" des sections 13 et 15 abritent d'adorables petits chiots et chatons. Le Soi 9 de la section 15 présente plusieurs boutiques spécialisées dans les vêtements pour animaux domestiques.

Plantes et jardinage

Le périmètre intérieur des sections 2 à 4 propose un large choix de plantes en pot, fleurs, herbes et fruits, ainsi que les accessoires nécessaires à leur entretien. Quelques-unes de ces boutiques ouvrent également les après-midi en semaine.

Se restaurer

Une profusion de restaurants et de stands thaïlandais permettra d'éviter la "rage de Chatuchak" (comportement grincheux provoqué par la faim ou la soif) ; on trouve de nombreux stands de restauration partout dans le marché, en particulier entre les sections 6 et 8.

Prendre un verre

Le **Viva 8** (www.facebook.com/Viva8JJ ; section 8, étal 371, plats 150-300 B ; 🕘9h-22h sam-dim) est un bar sympathique où officie un DJ ; lors de notre passage, un chef espagnol mitonnait d'énormes plats de paella. Le soir venu, allez prendre une bière au **Viva's** (section 26, étal 161 ; 🕘10h-22h sam-dim), un café-bar qui propose des concerts et ferme tard.

Marché du week-end de Chatuchak

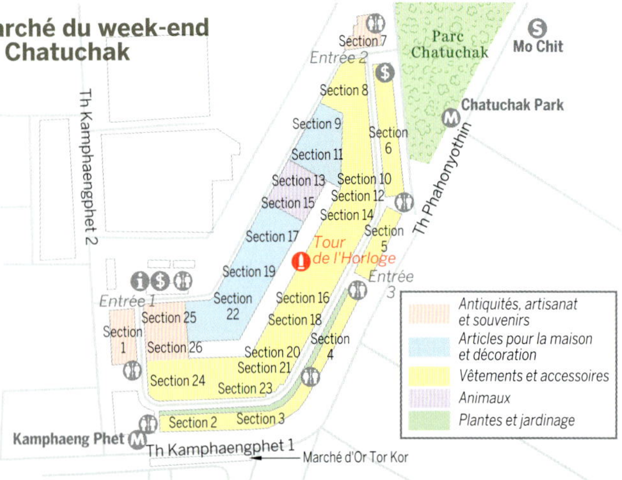

L'art de marchander

La plupart de vos achats au marché du week-end de Chatuchak impliqueront de marchander. Les Thaïlandais voient d'un bon œil cette pratique et respectent celui qui est capable d'obtenir un prix raisonnable sans que personne n'ait perdu la face.

La première règle est de se faire une idée du prix en vous renseignant préalablement auprès de plusieurs vendeurs. Si vous avez l'intention d'acheter, faire une offre à 50% du prix demandé est une bonne stratégie. Si vous achetez un article en plusieurs exemplaires, c'est un levier de négociation supplémentaire. Si le vendeur accepte immédiatement votre premier prix, c'est qu'il est sans doute un peu élevé, mais il serait mal vu de continuer à marchander à ce stade. Garder une attitude amicale et souple tout au long de la transaction jouera presque toujours en votre faveur.

À proximité : marché d'Or Tor Kor

Le **marché d'Or Tor Kor** (องค์กรตลาดเพื่อเกษตรกร ; Th Kamphaengphet 1 ; 8h-18h ; M Kamphaeng Phet sortie 3) est le meilleur marché de producteurs de Bangkok. Les étals sont un régal pour les yeux, avec leurs mangues géantes et leurs dizaines de pots remplis de curry. Allez-y à l'heure du déjeuner pour profiter de son *food court* en plein air, qui sert des plats des quatre coins de la Thaïlande. Le marché est situé juste en face de Th Kamphaengphet depuis le marché du week-end de Chatuchak.

À proximité : parc Chatuchak

Le **parc Chatuchak** (สวนจตุจักร ; Th Phahonyothin ; entrée libre ; 4h30-21h ; M Chatuchak Park sortie 1, Kamphaeng Phet sorties 1 et 2, S Mo Chit sorties 1 et 3), qui jouxte le marché – et regroupe trois parcs distincts – offre un espace vert impeccable agrémenté de musées et d'un lac artificiel. On peut y louer des vélos.

Vaut le détour

Ko Kret

Havre de verdure accessible pour une escapade d'une demi-journée depuis Bangkok, Ko Kret est une île artificielle résultant du dragage d'un canal il y a près de 300 ans afin de raccourcir un méandre du Mae Nam Chao Phraya. L'île abrite une des plus anciennes colonies môn, culture qui prédomina dans le centre du pays du VIe au Xe siècle. Elle est réputée pour son atmosphère bucolique, sa poterie et son marché animé le week-end.

Ko Kret se situe à 15 km au nord du centre de Bangkok, dans la province de Nonthaburi.

Prendre le bus n° 166 depuis le Victory Monument ou un taxi jusqu'à Pak Kret, puis le bac qui traverse le fleuve (2 B, 5h-21h) depuis Wat Sanam Neua.

Wat Poramai Yikawat

Le **Wat Poramai Yikawat** (วัดปรมัยยิกาวาส ; Ko Kret, Nonthaburi ; 9h-17h ; 166 et bateau pour traverser le fleuve depuis Wat Sanam Neua), en face du quai principal de Ko Kret, possède un bouddha en marbre de style môn et un **musée** (entrée libre ; 13h-16h lun-ven, 9h-17h sam-dim ; 166 et bateau pour traverser le fleuve depuis Wat Sanam Neua) exposant des objets religieux et de la poterie locale. Mais la principale curiosité du temple est le stupa penché vieux de 200 ans qui surplombe l'extrémité nord-est de l'île.

Poterie

Ko Kret est connue pour ses pots en terre cuite faits à la main et vendus sur tous les marchés de Bangkok ; en commandant un café glacé à un vendeur de l'île, on vous en offrira un petit en souvenir. Depuis le Wat Poramai Yikawat, vous trouverez des fours abandonnés mais aussi des centres de poterie en fonctionnement sur les côtes est et nord.

Tour de l'île

Un chemin pavé de 6 km permet de faire facilement le tour de Ko Kret, à pied ou à vélo. Des bicyclettes sont proposées à la location sur le quai (40 B/jour). Il est également possible de monter à bord d'un bateau pouvant accueillir jusqu'à 10 personnes moyennant 500 B ; la croisière fait halte à un atelier de batik, une confiserie et, le week-end, un marché flottant.

★ À savoir

- Ko Kret est souvent prise d'assaut le week-end ; mieux vaut programmer votre visite en semaine. Certains restaurants et magasins seront fermés, mais vous aurez l'île presque pour vous tout seul.

Une petite pause ?

Sur la côte nord de Ko Kret, il existe des restaurants en plein air qui servent pour la plupart du *kôw châa*, une spécialité môn étonnante mais délicieuse, à base d'amuse-gueules servis avec du riz parfumé froid. **Pa Ka Lung** (Restaurant River Side ; Ko Kret ; plats 30-60 B ; 8h-16h lun-ven, 8h-18h sam-dim ; 166 et bateau pour traverser le fleuve depuis Wat Sanam Neua), un *food court* en plein air, sert du *khâw châa* et d'autres spécialités thaïlandaises. Menu en anglais.

Vaut le détour

Ayuthaya

Ruines grandioses, ambiance rurale, savoureuse cuisine, hébergements bon marché, le tout à une heure de Bangkok. Fondée en 1350, Ayuthaya devint la capitale du Siam. Ce grand port de commerce impressionna les marchands par ses temples et ses palais. Sa gloire dura jusqu'en 1767, quand la ville fut pillée par une armée birmane. En 1991, les ruines d'Ayuthaya ont été inscrites au patrimoine mondial de l'Unesco.

Ayuthaya se trouve à 70 km au nord de Bangkok.
อุทยานประวัติศาสตร์อยุธยา
Sites individuels 20-50 B, pass pour la journée 220 B
8h-17h

Centre d'information des visiteurs d'Ayuthaya

Arrêtez-vous à l'**Ayuthaya Tourist Center** (ศูนย์ท่องเที่ยวอยุธยา ; ☎035 246076 ; Th Si Sanphet ; entrée libre ; 🕘8h30-16h30), où une exposition (à l'étage) retrace les grandes heures de la ville. Au même niveau se trouve le petit Musée d'art national d'Ayuthaya. Au rez-de-chaussée, le bureau du TAT vous fournira cartes et conseils.

Parc historique d'Ayuthaya

C'est l'un des plus grands sites touristiques de Thaïlande. Il comprend deux zones : les ruines "sur l'île", dans la partie centrale de la ville, sont plus facilement accessibles à vélo ou à moto ; celles "en dehors de l'île", de l'autre côté de la rivière, se visitent agréablement en bateau le soir. Le Wat Mahathat et le Wat Phra Si Sanphet comptent parmi les ruines remarquables situées "sur l'île" ; "en dehors de l'île", ne manquez pas le Wat Chai Wattanaram (photo ci-contre).

Musée national de Chao Sam Phraya

Le plus grand **musée** (พิพิธภัณฑสถานแห่งชาติเจ้าสามพระยา ; ☎035 244570 ; angle Th Rotchana et Th Si Sanphet ; adulte/enfant 150 B/gratuit ; 🕘9h-16h mer-dim ; P) de la ville expose 2 400 objets, d'une tête du Bouddha en bronze de 2 m de haut à d'étincelants trésors retrouvés dans les cryptes des Wat Phra Mahathat et Wat Ratburana.

Baan Hollanda

Dans une belle demeure néerlandaise, cette **institution** (บ้านฮอลันดา ; ☎035 245 683 ; Soi Khan Rua, Mu 4 ; 50 B ; 🕘9h-17h mer-dim ; P) présente l'histoire des relations thaïlando-néerlandaises, et les fondations de bâtiments néerlandais vieux de plusieurs siècles. Arrivée à Ayuthaya en 1604, la Compagnie néerlandaise des Indes orientales y établit un comptoir afin d'utiliser le Siam comme porte d'entrée en Chine.

★ À savoir

Même si des bus et des trains relient Bangkok et Ayuthaya, le plus rapide et le plus pratique pour rejoindre cette ville reste le minibus.

Une petite pause ?

Essayez la grande spécialité d'Ayuthaya, les *gŏo·ay đĕe·o reu·a*, nouilles de bateau (ainsi appelées parce qu'elles étaient autrefois vendues depuis les bateaux), à **Lung Lek** (Th Chee Kun ; plats 30-50 B ; 🕘8h30-16h), bien situé, juste en face du Wat Ratburana dans le parc historique.

Carnet pratique

BTS (Skytrain ; p. 172) TAMANKUNG/SHUTTERSTOCK ©

Avant de partir

Hébergement

- Il y a tant d'hôtels à Bangkok qu'il est souvent inutile de réserver, sauf pour certains boutiques-hôtels de petite taille.
- Dans les auberges de jeunesse et les *guesthouses* les moins chères, les salles de bains sont souvent communes et les serviettes ne sont pas toujours fournies.
- Certains établissements bon marché sont équipés de ventilateurs, mais pas de climatisation ; dans les dortoirs, celle-ci ne fonctionne parfois que sur des créneaux horaires limités.
- Le petit-déjeuner inclus dans la plupart des auberges de jeunesse et des hôtels bas de gamme se limite à un café soluble et quelques tartines.
- On trouve le Wi-Fi partout... contrairement à l'air conditionné et aux ascenseurs.
- Les établissements haut de gamme proposent salles de bains privatives, ordinateurs et Wi-Fi gratuit ; ailleurs, vous devrez parfois payer un supplément pour le Wi-Fi.
- Presque tous les hôtels haut de gamme sont dotés d'une piscine, d'un centre de remise en forme, d'un coin business, de restaurants et de bars.

Petits budgets

Lub*d (www.lubd.com). Auberge de jeunesse à l'ambiance jeune. Il en existe deux dans le centre de Bangkok.

Chern (www.chernbangkok.com). Dortoirs et chambres au style sophistiqué pour le prix.

S-Box (sboxhotel.com). Hébergement bon marché de style contemporain.

Niras Bankoc (nirasbankoc.com). Dortoirs au charme un brin désuet.

Catégorie moyenne

Smile Society (www.smilesocietyhostel.com). Refuge douillet dans le quartier des affaires.

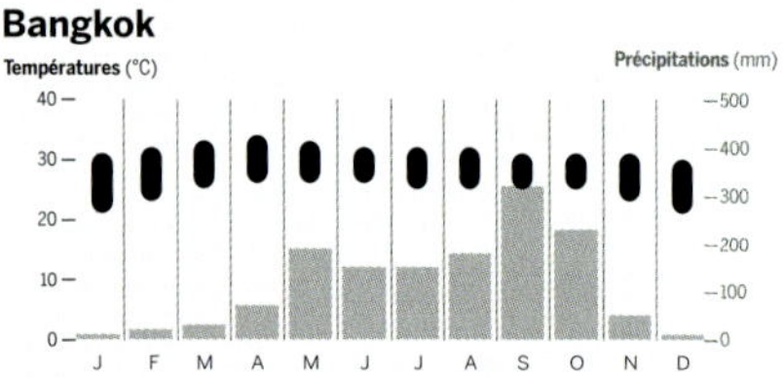

Quand partir

- **Hiver (fin déc-début jan)** C'est la période la plus douce de l'année mais aussi la plus touristique. En novembre et février, le temps est tout aussi clément et la ville a l'avantage d'être moins fréquentée.
- **Saison humide (mai-oct)** Pendant la mousson, Bangkok reçoit jusqu'à 300 mm de précipitations par mois. Les épisodes pluvieux sont généralement de courte durée et les touristes peu nombreux.

Feung Nakorn Balcony (www.feungnakorn.com). École reconvertie en hôtel coquet.

Tints of Blue (www.tintsofblue.com). Hôtel charmant et paisible à prix doux.

Lamphu Treehouse (www.lamphutreehotel.com). Hôtel tranquille et confortable, au bord d'un canal.

Catégorie supérieure

Metropolitan by COMO (www.comohotels.com/metropolitanbangkok). Hôtel sophistiqué et urbain doté d'un excellent restaurant.

Mandarin Oriental (www.mandarinoriental.com/bangkok/chao-phraya-river/luxury-hotel). L'hôtel le plus ancien de la capitale reste aussi l'un des meilleurs.

Peninsula Hotel (bangkok.peninsula.com). L'un des meilleurs hôtels de luxe du monde.

AriyasomVilla (www.ariyasom.com). Cette villa des années 1940 somptueusement restaurée est l'un des secrets les moins bien gardés de Bangkok.

Sites Internet

Agoda (www.agoda.com/fr-fr/city/bangkok-th.html). Site asiatique de réservation d'hôtels qui garantit les prix les plus bas.

Lonely Planet (hotels.lonelyplanet.com). Avis critiques et réservations.

Travelfish (www.travelfish.org/country/thailand). Avis indépendants et nombreux retours de consommateurs.

Arriver à Bangkok

Aéroport international Suvarnabhumi

Situé à 30 km à l'est du centre de Bangkok, l'**aéroport international Suvarnabhumi** (prononcer *su wan na poum* ; ☎ 02 132 1888 ; www.bangkokairportonline.com) assure des liaisons commerciales internationales et intérieures depuis 2006. Il a hérité de l'ancien code de l'aéroport de Don Mueang (BKK). Le site Internet fournit des informations en direct sur les départs et les arrivées.

Aéroport international Don Mueang

L'**aéroport international Don Mueang** (☎ 02 535 1192, 02 535 1254 ; www.donmueangairport.com), l'autre aéroport de Bangkok, se situe à 25 km au nord du centre-ville. Fermé en 2006, il a réouvert depuis pour devenir l'aéroport low-cost de la capitale. Le terminal 1 accueille le trafic international, le terminal 2, les vols intérieurs.

Depuis la France

Les tarifs les plus avantageux pour un aller-retour avec escales se situent autour de 450 € ; pour un vol direct, sur la THAI ou Air France, comptez à partir de 650 €.

Air France (☎ 36 54, 0,35 €/mn ; www.airfrance.fr)

Oui.SNCF (☎ 0899 500 500, 0,70 €/mn ; agence-voyage.oui.sncf/vol)

Thai Airways International (☎ 01 55 68 80 70 ; www.thaiairways.com)

Thomas Cook (☎ 01 55 90 10 41 ; www.thomascook.fr)

TUI (☎ 0825 000 825 ; www.tui.fr)

Depuis la Belgique

Comptez environ 560 € pour un aller-retour Bruxelles-Bangkok avec escales.

Airstop (☎ 070 233 188 ; www.airstop.be)

Connections (☎ 070 23 33 13, 0,30 €/mn ; www.connections.be)

Gigatour Voyages Éole (☎ 02 672 35 03 ; www.voyageseole.be)

Depuis la Suisse

En réservant bien à l'avance, il existe des vols aller-retour Genève-Bangkok, avec escales, à partir de 640 FS.

STA Travel (☎ 058 450 49 49 ; statravel.ch)

Swiss (☎ 848 700 700 ; www.swiss.com)

Depuis le Canada

Les premiers prix pour un aller-retour Montréal-Bangkok avec escales se situent autour de 1150 $C.

Travel CUTS – Voyage Campus (☎ 800 667 2887 ; www.travelcuts.com)

Air Canada (☎ 888 247 22 62 ; www.aircanada.com)

Gare ferroviaire de Hualamphong

La **gare de Hualamphong** (☎ 02 220 4334, centre d'appels 1690 ; www.railway.co.th ; Rama IV ; M Hua Lamphong sortie 2) est la principale gare ferroviaire de Bangkok. Évitez les revendeurs et les agences de voyages. Renseignez-vous sur les horaires et les prix via le site Internet du State Railway of Thailand.

Terminal nord et nord-est des bus

Le **terminal nord et nord-est** (Mo Chit ; ☎ bus vers le nord-est 02 936 2852, poste 602/605, bus vers le nord 02 936 2841, poste 325/614 ; Th Kamphaengphet ; M Kamphaeng Phet sortie 1 et taxi, S Mo Chit sortie 3 et taxi) se situe juste au nord du parc Chatuchak. Cette gare routière très animée est aussi communément appelée *kŏn sòng mŏr chít* (gare de Mo Chit), à ne pas confondre avec la station de BTS Mo Chit. Les bus au départ de ce terminal desservent toutes les destinations du nord et du nord-est du pays, ainsi que des villes de pays voisins comme Paksé (Laos), Phnom Penh (Cambodge), Siem Reap (Cambodge) et Vientiane (Laos). Pour rejoindre la gare routière, prenez le BTS jusqu'à Mo Chit ou le MRT jusqu'à Kamphaeng Phet, puis soit un bus n°s 3, 77 ou 509, soit un taxi ou un moto-taxi.

Terminal est des bus

Les bus partant du **terminal est** (☎ 02 391 2504 ; Soi 40, Th Sukhumvit ; S Ekkamai sortie 2) desservent Pattaya, Rayong, Chanthaburi et d'autres destinations de l'est du pays – mais pas le poste-frontière d'Aranya Prathet.

La plupart des Thaïlandais appellent cette gare *sà·tăh·ni èk·gà·mai* (gare d'Ekamai). Elle se situe à côté de la station de BTS Ekkamai.

Terminal sud des bus

Le **terminal sud** (Sai Tai Mai ; ☎02 422 4444, centre d'appels 1490 ; Th Boromaratchachonanee), ou *săi đâi mài*, se situe loin du centre de Bangkok, à l'ouest. De cette gare partent tous les bus à destination du sud de la Thaïlande, mais aussi de Kanchanaburi et de l'ouest du pays. Le plus simple pour s'y rendre est de prendre un taxi, ou un bus n°s 79, 159, 201 ou 516 depuis Th Ratchadamnoen Klang.

Comment circuler

Bateau

Ferry

- Le **Chao Phraya Express Boat** (☎02 445 8888, 02 449 3000/2, 02 024 1342 ; www.chaophrayaexpressboat.com) est le principal service de ferry sur le Mae Nam Chao Phraya. L'embarcadère central est connu sous différents noms : Tha Sathon, Saphan Taksin ou Sathon/Central Pier. La correspondance avec le BTS s'effectue à la station Saphan Taksin.
- Les bateaux circulent de 6h à 20h. Les billets (10-40 B) s'achètent sur le quai ou à bord ; conservez votre billet comme preuve d'achat (même si les contrôles sont rares).
- Les plus fréquents sont les bateaux express, signalés par un drapeau orange, qui circulent entre Wat Rajsingkorn, au sud de Bangkok, et Nonthaburi, au nord. Ils s'arrêtent aux embarcadères principaux (15 B, service fréquent de 6h à 19h).
- Un bateau touristique signalé par un drapeau bleu (40 B, toutes les 30 minutes de 9h30 à 17h) relie Sathon/Central Pier à Phra Athit/Banglamphu Pier, en s'arrêtant à huit débarcadères desservant des grands sites ; le commentaire en anglais est à peine compréhensible. À Sathon/Central Pier, on essaiera peut-être de vous vendre un forfait journée à 150 B, mais il faut prendre le bateau de très nombreuses fois pour que cette formule soit avantageuse.
- Par ailleurs, des dizaines de bacs font traverser le fleuve pour 3 B ; ils circulent en continu jusqu'en fin de soirée.
- Il est possible de réserver des *long-tail boats* privés pour des croisières touristiques, à Phra Athit/Banglamphu Pier, Chang Pier, Tien Pier et Oriental Pier.

Klorng-taxi

- Des bateaux-bus sillonnent le Khlong Saen Saep (Banglamphu à Ramkhamhaeng). Ils permettent de gagner facilement Banglamphu, la maison de Jim Thompson, les centres commerciaux de Siam Square (descendre à Sapan Hua Chang Pier pour ces deux dernières destinations) et d'autres sites plus à l'est le long de

Th Sukhumvit – après avoir changé de bateau à Pratunam Pier.

- Ces bateaux sont principalement utilisés par la population locale et ne s'arrêtent que quelques secondes (dépêchez-vous de monter à bord si vous ne voulez pas rester sur le quai).
- Un trajet coûte entre 9 B et 19 B. Les bateaux circulent entre 5h30 et 19h15 du lundi au vendredi, entre 6h et 18h30 le samedi, et entre 6h et 18h le dimanche.

BTS et MRT

- Le métro aérien **BTS** (Skytrain ; ✆02 617 6000, infos touristiques 02 617 7340 ; www.bts.co.th), également appelé Skytrain (*rót fai fáa*), a révolutionné les transports dans les nouveaux quartiers de Bangkok (Silom, Sukhumvit et Siam Square). Les lignes se croisent à la station Siam, et les rames circulent régulièrement entre 6h et minuit. Le ticket coûte entre 16 B et 44 B ; le pass journée est à 140 B. La plupart des machines automatiques n'acceptent que les pièces, mais on peut faire la monnaie aux guichets d'information.
- Le **MRT** (✆02 354 2000 ; www.bangkokmetro.co.th) est le métro de Bangkok. Il permet de relier les quartiers de Sukhumvit et Silom à la gare de Hualamphong. Le billet coûte entre 16 B et 42 B ; comptez 120 B pour un pass journée. Il circule de 6h à minuit.

Bus

- Les bus publics de Bangkok sont gérés par la **Bangkok Mass Transit Authority** (✆02 246 0339, 02 246 0741/4, centre d'appels 1348 ; www.bmta.co.th).
- Comme ils sont tributaires de la circulation et que les itinéraires ne sont pas toujours clairs, le taxi est souvent une solution plus sûre (et pas beaucoup plus onéreuse).
- Le trajet coûte entre 10 B et 23 B en bus climatisé et à partir de 6,50 B en bus ventilé.
- La plupart des lignes circulent entre 5h et 22h ou 23h, sauf les bus nocturnes qui circulent de 3h ou 4h jusqu'en milieu de matinée.
- Le *Bangkok Bus Guide* édité par ThinkNet peut être utile. Vous pouvez également télécharger le guide Transit Bangkok des transports publics de la ville (bus, MRT, BTS et bateaux) sur www.transitbangkok.com/fr.

Moto-taxi

- Les motos-taxis (appelés *motorsai*) défient le temps pour vous transporter. Ils font partie intégrante du réseau de transports publics de Bangkok. Ils sont généralement stationnés à l'angle d'une grosse artère comme Th Sukhumvit, et peuvent vous amener au bout d'un *soi*. Les motards portent des vestes colorées et numérotées et facturent entre 10 B et 20 B la course (sans casque, sauf si vous en faites la demande).
- Le tarif peut atteindre 150 B si vous avez besoin de traverser la ville (le prix est négociable).

Taxi

- Ils sont un bon moyen de transport ; les véhicules sont souvent neufs et les chauffeurs aimables.

- Tous les taxis officiels sont équipés d'un compteur. Comptez 35 B pour la prise en charge, et entre 60 B et 90 B la course dans le centre de Bangkok. Les péages (25-70 B) sont à la charge du passager.
- **Taxi Radio** (☎1681 ; www.taxiradio.co.th) et autres services de taxi par téléphone, joignables 24h/24, coûtent 20 B en plus du tarif au compteur.
- Si vous oubliez quelque chose dans un taxi, votre meilleure chance (quoique mince) de le récupérer est d'appeler le ☎1644.

Tuk-tuk

- Les *tuk-tuk* (prononcer *đúk đúk*), véhicules motorisés à trois roues typiques de Bangkok, sont utilisés par les habitants pour de courts trajets qui ne méritent pas que l'on paie la prise en charge d'un taxi. Les étrangers, en revanche, n'imaginent pas un séjour à Bangkok sans un trajet sur l'une de ces machines infernales, desquelles on ne voit rien à cause du toit trop bas et qu'on paie au prix fort en tant que touriste. Qu'importe, chaque visiteur ou presque fait au moins un tour en *tuk-tuk* !
- Les *tuk-tuk* ont la réputation de faire de petits "détours" par des boutiques de pierres précieuses ou de soie et des salons de massage qui versent des commissions aux conducteurs. En route vers des temples "spéciaux", vous rencontrerez des habitants "sympathiques" qui vous guideront vers d'autres occasions de vous faire escroquer. Déclinez toute offre de trajet touristique à 20 B – trop belle pour être vraie.
- La plupart des conducteurs de *tuk-tuk* demandent des prix excessifs aux touristes (les *fa·ràng* expatriés ne les utilisent pas). Attendez-vous à devoir débourser 100 B au moins, même pour une course très courte. Tentez de marchander jusqu'à 60 B pour un bref trajet, de préférence le soir lorsque la pollution (on peut l'espérer) est moins forte. Après cette expérience, vous trouverez les taxis moins chers, et plus propres, frais et calmes.

Infos pratique.

Ambassades et consulats

Ambassades et consulats thaïlandais

Le site Internet www.thaiembassy.org répertorie les liens vers les missions diplomatiques thaïlandaises à l'étranger.

Belgique (☎640 68 10 ; www.thaiembassy.be)

Canada (☎613 722 4444 ; www.thaiembassy.ca)

France (☎01 56 26 50 50 ; www.thaiembassy.fr)

Suisse (☎031 970 30 30/34 ; thaiembassy.ch)

Ambassades et consulats en Thaïlande

Belgique (☎02 108 1800 ; thailand.diplomatie.belgium.be/fr ; 16/F Sathorn Square, 98 North Sathorn Road, Silom, Bangrak)

Canada (☎02 646 4300 ; www.canadainternational.gc.ca ; 15e ét, Abdulrahim

Un fil d'Ariane en voyage

Vous êtes ressortissant français ? Pensez à vous enregistrer sur le portail Ariane (pastel.diplomatie.gouv.fr/fildariane) du ministère des Affaires étrangères. Ce service gratuit vous permet de recevoir des alertes si la situation le justifie. Crise politique, catastrophe naturelle, attentat… recevez en temps réel des consignes de sécurité lors de votre voyage.

Il existe une application pour les Smartphones et les tablettes, intitulée *Conseils aux voyageurs*.

Pl, 990 Th Phra Ram IV, Bangrak)

France (☎ 02 657 5100, 02 627 2100 ; th.ambafrance.org ; 35 Charoen Krung, Soi 36, Bangrak)

Suisse (☎ 02 674 6900 ; www.eda.admin.ch/bangkok ; 35 Th Witthayu Neua/North Wireless Rd, Lumphini, Pathum Wan)

Argent

Monnaie

L'unité monétaire est le baht (B), divisé en 100 satangs – vous pourrez rarement utiliser ces derniers, à part dans les magasins de la chaîne 7-Eleven. Il existe des pièces de 25 satangs, 50 satangs, 1 B, 2 B, 5 B et 10 B. On trouve des billets de 20 B (verts), 50 B (bleus), 100 B (rouges), 500 B (violets) et 1000 B (beiges).

DAB

Votre carte bancaire vous permettra de retirer de l'argent dans tous les distributeurs de Thaïlande (uniquement en *baht*) directement depuis votre compte bancaire. On trouve des distributeurs partout dans le pays ; le montant de retrait maximal autorisé est généralement de 20 000 B par jour.

Sachez que les distributeurs thaïlandais prélèvent une commission de 200 B par retrait depuis un compte étranger, en plus des frais de change et des frais bancaires de votre propre banque. Avant votre départ, n'hésitez pas à ouvrir un compte permettant de réaliser gratuitement des retraits à l'étranger et d'être remboursé des sommes prélevées par les distributeurs d'autres banques.

Cartes de crédit

Les cartes bancaires (notamment Visa, MasterCard) sont acceptées dans la plupart des magasins, hôtels et restaurants. Les cartes American Express sont principalement acceptées dans les établissements haut de gamme.

Informez votre banque de votre voyage, afin d'éviter que votre compte ne soit bloqué en raison de mouvements suspects à l'étranger.

Voici les numéros à appeler depuis Bangkok en cas de perte ou de vol d'une carte bancaire :

American Express (☎ 02 273 5544)

MasterCard (☎ 001 800 11887 0663)

Visa (☎ 001 800 11 535 0660)

Change

Les banques et les changeurs officiels offrent les meilleurs taux. Le dollar américain est la monnaie la plus largement acceptée, suivie de la livre sterling et de l'euro. La plupart des banques prennent une commission pour chaque chèque de voyage encaissé. Les taux de change actualisés sont affichés aux comptoirs de change.

Pourboires

Le pourboire ne fait pas partie de la culture thaïlandaise, mais il est généralement apprécié. En revanche, il est courant de laisser la monnaie sur une grosse addition au restaurant – s'ils paient un repas de 488 B avec un billet de 500 B, certains Thaïlandais laisseront les 12 B de différence. Dans les restaurants d'hôtels et les restaurants haut de gamme, un supplément de 10% pour le service est généralement ajouté à l'addition.

Électricité

Type A
220 V/50 Hz

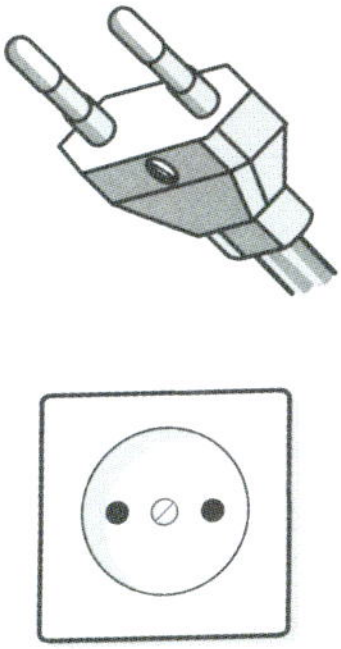

Type C
220 V/50 Hz

Formalit et visa

- Le **ministe Affaires étran** (☎ 02 203 5000 ; v mfa.go.th) de Thaïla s'occupe des questi d'immigration et des visas. Ces dernières années, de nouvelles lois en matière de visa et de prorogation ont été établies et souvent modifiées ; consultez le site Thaivisa (www.thaivisa.com) pour plus de détails.
- Les ressortissants français, belges, suisses et canadiens peuvent entrer en Thaïlande gratuitement. Ils doivent être porteurs d'un passeport en cours de validité (au moins 6 mois après la date de retour). Ces ressortissants reçoivent une exemption de visa de 30 jours s'ils arrivent par avion, ou de 15 jours s'ils arrivent par voie terrestre. Un visa touristique de 60 jours peut être obtenu par l'intermédiaire d'un consulat thaïlandais.
- Avant le départ, il est impératif de prendre contact avec les ambassades et les consulats pour s'assurer que les modalités d'entrée sur le territoire n'ont pas

Précis de savoir-vivre

Les Bangkokiens sont généralement accueillants et compréhensifs, à condition de prendre en compte quelques conventions sociales essentielles.

Monarchie Ne jamais critiquer la famille royale thaïlandaise. Traiter avec respect les objets sur lesquels figure une représentation du roi (comme les billets de banque).

Temples S'habiller décemment pour visiter les temples, en couvrant les membres jusqu'aux coudes et aux genoux. Ne pas garder ses chaussures à l'intérieur des temples. S'asseoir les pieds vers l'arrière afin de ne pas les pointer vers une représentation de Bouddha. Pour les femmes, ne jamais toucher un moine ni ses affaires personnelles, s'écarter de son chemin et ne jamais s'asseoir à côté d'un moine dans les transports.

Sauver la face Éviter d'entrer en conflit avec la population locale. Garder le sourire et ne pas hausser le ton.

changé. Nous vous conseillons de scanner ou de photocopier tous vos documents importants (pages d'introduction de votre passeport, cartes de crédit, police d'assurance, billets de train/d'avion/de bus, permis de conduire, etc.). Conservez ces copies à part des originaux. Vous remplacerez ainsi plus aisément ces documents en cas de perte ou de vol.

Handicapés

Avec ses trottoirs hauts, ses revêtements irréguliers et sa circulation incessante, Bangkok présente beaucoup d'obstacles pour les personnes à mobilité réduite. Il faut emprunter des passerelles piétonnes accessibles via des escaliers pour traverser de nombreuses rues. Les bus et les bateaux ne s'arrêtent pas assez longtemps pour permettre de monter à bord. Les rampes et autres points d'accès pour fauteuils roulants sont rares.

Quelques hôtels haut de gamme se montrent très attentifs aux besoins des personnes handicapées. Dans les établissements luxueux disposant d'un personnel important par rapport au nombre de clients, l'aide apportée par les employés permet parfois de compenser le côté inadapté des locaux. Mais globalement, les visiteurs à mobilité réduite sont livrés à eux-mêmes dans la capitale thaïlandaise.

Les entreprises et sites Internet suivants peuvent se révéler utiles :

Accessible Journeys (www.accessiblejourneys.com)

Asia Pacific Development Centre on Disability (www.apcdfoundation.org)

Mobility International USA (www.miusa.org)

Society for Accessible Travel & Hospitality (www.sath.org)

Wheelchair Holidays @ Thailand (www.wheelchairtours.com)

Heures d'ouverture

Les banques et les administrations ferment les jours fériés. Certains bars et discothèques ferment les jours d'élections et certains jours fériés, lorsque la vente d'alcool est interdite. Les banques situées dans les centres commerciaux ferment plus tard.

Administrations 8h30-16h30 lun-ven ; parfois fermées à l'heure du déjeuner

Banques 8h30-15h30 ; DAB 24h/24

Bars 18h-minuit ou 1h

Discothèques 20h-2h

Magasins 10h-19h

Restaurants 8h-22h

Jours fériés

Les administrations et les banques ferment les jours fériés. Les dates des fêtes du calendrier lunaire varient chaque année. Pour les connaître, consultez la page "Événements et festivals" sur le site de la Tourism Authority of Thailand (www.tourismthailand.org).

1er janvier Nouvel An

Février (calendrier lunaire) Makha Bucha, fête bouddhique

6 avril Jour des Chakri, en l'honneur du fondateur de la dynastie Chakri, Rama Ier

13-15 avril Songkran, Nouvel An thaïlandais et fête de l'Eau

1er mai Fête du Travail

5 mai Jour du couronnement

Mai/juin (calendrier lunaire) Visakha Bucha, jour sacré bouddhique

Juillet/août (calendrier lunaire) Asanha Bucha, fête bouddhique

28 juillet Anniversaire du roi Rama X (Maha Vajiralongkorn)

12 août An[illegible] de la rei[illegible] Sirikit/fêt[illegible]

23 octobre [illegible] Chulalongkorn

5 décembre Anniversaire du défunt roi Bhumibol/fête des Pères

10 décembre Jour de la Constitution

31 décembre Réveillon du Nouvel An

Offices du tourisme

La **Tourism Authority of Thailand** (TAT ; ☎ 02 250 5500, centre d'appels national 1672 ; www.tourismthailand.org ; 1600 Th Phetchaburi ; 🕒 8h30-16h30 ; M Phetchaburi sortie 2), l'office du tourisme officiel créé en 1960, produit d'excellents documents sur les sites à visiter. Consultez le site Internet pour les coordonnées des différentes agences.

Sécurité

Arnaque aux pierres précieuses À moins que vous ne soyez spécialiste, nous vous déconseillons très fortement d'acheter s pierres non erties en Thaïlande.

Fermé aujourd'hui Ne prêtez pas attention aux individus vous informant qu'un site est fermé.

Tour en *tuk-tuk* à 20 B Ces prétendus "circuits touristiques" contournent en fait tous les sites intéressants pour faire la tournée des bijoutiers et autres tailleurs véreux.

Course de taxi au forfait Refusez toute course au forfait, souvent trois fois plus cher que le tarif au compteur.

Gentils étrangers Méfiez-vous des individus élégants et bien élevés qui vous abordent en vous demandant d'où vous venez.

Téléphone

Téléphones portables

Le plus simple est d'acheter un téléphone directement en Thaïlande équipé d'une carte SIM locale. On trouve des cartes SIM prépayées (comprenant un crédit communication et Internet) dans les supermarchés, notamment les 7-Eleven, ainsi que des cartes de recharge.

La Thaïlande utilise le réseau GSM et les principaux opérateurs mobiles sont AIS (1 2 Call), DTAC et True Move, qui fournissent tous des services 4G. La couverture et la qualité des différents opérateurs varient en fonction des améliorations apportées et de la capacité du réseau. Les opérateurs proposent généralement des forfaits téléphone et Internet dont le prix varie selon la quantité de crédit de communication et le volume de data.

Les principaux opérateurs thaïlandais sont :

AIS (1 2 Call ; www.ais.co.th)

DTAC (www.dtac.co.th)

TrueMove (www.truemove.com)

Appeler en Thaïlande et à l'étranger

Pour appeler l'étranger depuis la Thaïlande, composez un code d'accès international, suivi de l'indicatif du pays, puis du numéro de votre correspondant.

En Thaïlande, il existe plusieurs codes d'accès internationaux à tarifs variables. Le préfixe standard, le ☎001, est géré par la CAT (Communications Authority of Thailand). Il a la réputation d'offrir la meilleure qualité de liaison et permet d'appeler un grand nombre de pays, mais c'est le plus cher. Le ☎007, géré par la TOT (Telephone Organization of Thailand), est un peu moins cher et de bonne qualité. Les opérateurs proposent des tarifs très bon marché – recherchez les codes promotionnels sur Internet.

Si vous souhaitez passer par un opérateur ou appeler en PCV, composez le ☎100.

Les numéros thaïlandais sont précédés d'un 0 et d'un indicatif régional.

On ne compose pas le 0 initial lorsque l'on appelle de l'étranger.

Numéros utiles

Indicatif de la Thaïlande ✆66

Indicatif de Bangkok ✆02

Opérateur international ✆100

Renseignements locaux ✆1133

Toilettes

Les toilettes à la turque sont de moins en moins présentes en Thaïlande. Il en reste à la campagne dans des gares routières de province, des habitations anciennes ou des restaurants modestes, mais les toilettes à l'occidentale deviennent la norme dans les zones touristiques.

Après votre passage dans les toilettes à la turque, l'usage est de nettoyer à l'aide de l'eau entreposée dans le récipient en plastique. Du papier toilette est parfois vendu à l'entrée (5 B) ; sinon, il faut prévoir le sien ou utiliser de l'eau.

Même dans les endroits équipés de toilettes à l'occidentale, l'installation septique n'est pas toujours adaptée au papier toilette. Dans ce cas, utilisez la corbeille pour le papier et les [...] d'hygiène [...] Certaines t[...] sont équipées [...] douchette.

Urgences

- Le numéro de la police, le ✆191, est en fait le numéro général d'urgence en Thaïlande, qui sert également à appeler une ambulance ou signaler un incendie.
- La meilleure façon de gérer les problèmes nécessitant l'intervention de la police (escroquerie ou vol) consiste à appeler la **police touristique** (✆centre d'appels national 1155), qui est habituée à traiter avec des étrangers et peut être très utile si jamais vous êtes arrêté.

Langue

En thaï, la signification d'une simple syllabe peut changer selon le ton. Le thaï en comprend cinq : grave (*bàht*), médian (*di*), descendant (*mâi*), aigu (*máh*) et ascendant (*săhm*). La hauteur de chaque ton varie en fonction du locuteur, et la langue n'a donc pas d'"étendue" fixe.

En lisant les prononciations telles que nous les avons écrites ci-dessous, vous devriez vous faire comprendre. Le trait d'union marque une rupture de syllabe ; certaines syllabes sont séparées par un point afin de faciliter la prononciation des diphtongues, comme dans *mêu·a-rai*. Notez que le **ƅ** est un *p* dur proche du *b* qui ressemble au son que l'on fait quand on prononce le mot anglais "hip-bag" ; le **đ** est un *t* dur comme un *d* aigu, comme dans le mot anglais "mid-tone" ; le **ng** se prononce comme dans l'anglais "singing", mais en thaï, il peut se rencontrer en début de mot ; enfin, le **r** se prononce comme dans l'anglais "run" (un *r* roulé qui se prononce *l* dans le langage courant).

Indispensable pour communiquer sur place : le *Guide de conversation thaï* publié par Lonely Planet.

Expressions de base

Bonjour.	สวัสดี	*sà-wàt-dii*
Au revoir.	ลาก่อน	*laa kòrn*
Oui./Non.	ใช่/ไม่	*châi/mâi*
S'il vous plaît.	ขอ	*krŏr*
Merci.	ขอบคุณ	*kròrp kroun*
De rien.	ยินดี	*yin dii*
Excusez-moi.	ขออภัย	*krŏr à-prai*
Pardon.	ขอโทษ	*krŏr trôt*

Comment allez-vous ?

สบายดีไหม *sà-bai dii măi*

Je vais bien, et vous ?

สบายดีครับ/ค่ะ แล้วคุณล่ะ *sà-bai dii kráp/krâ, léi·ow kroun lâ* (m/f)

Parlez-vous anglais/français ?

คุณพูดภาษาอังกฤษ/ฝรั่งเศสได้ไหม *kroun prôot praa-săa ang-grìt/fà-ràng-sèt dâi măi*

Je ne comprends pas.

ผม/ดิฉันไม่เข้าใจ *prŏm/dì-chăn mâi krâo tyai* (m/f)

Au restaurant

La carte, s'il vous plaît.

ขอ (รายการอาหาร) หน่อย *krŏr (rai kaan aa-hăan pen) nòy*

Je ne mange pas de...

ผม/ดิฉัน ไม่กิน... — *prŏm/dì-chăn mâi traan...* (m/f)

œufs	ไข่	*kràì*
poisson	ปลา	*plaa*
viande rouge	เนื้อแดง	*néu·a deing*
fruits secs	ถั่ว	*tròo·a*

C'était délicieux !

อร่อยมาก *à-ròy mâak*

À la vôtre !

ไชโย *chai-yoh*

L'addition, s'il vous plaît.

ขอบิลหน่อย *krŏr bin nòy*

café	ร้านกาแฟ	*ráan kaa-fe*
marché	ตลาด	*tà-làat*
restaurant	ร้านอาหาร	*ráan aa-hăan*
végétarien	เจ	*tye*

Viande et poisson

bœuf	เนื้อ	*néu·a*
calmar	ปลาหมึก	*plaa mèuk*
canard	เป็ด	*pèt*
crabe	ปู	*pou*
fruits de mer	อาหารทะเล	*aa-hăan trá-le*
poisson	ปลา	*plaa*
porc	หมู	*néu·a mŏo*
poulet	ไก่	*kài*
viande	เนื้อ	*néu·a*

Fruits et légumes

aubergine	มะเขือ	
banane	กล้วย	*klò*
champignon	เห็ด	*hèt*
citron	มะนาว	*má-nao*
fruit	ผลไม้	*prŏn-lá-mái*
fruits secs	ถั่ว	*tròo·a*
goyave	ฝรั่ง	*fa-ràng*
haricots	ถั่ว	*tròo·a*
légumes	ผัก	*pràk*
mangouste	มังคุด	*mang-kút*
mangue	มะม่วง	*má-môo·ang*
noix de coco	มะพร้าว	*má-práo*
papaye	มะละกอ	*má-lá-gor*
pastèque	แตงโม	*teing mo*
pomme de terre	มันฝรั่ง	*man fà-ràng*
ramboutan	เงาะ	*ngó*
tamarin	มะขาม	*má-kăam*
tomate	มะเขือเทศ	*má-krĕu·a trêt*

Boissons

bière	เบียร์	*bii·a*
café	กาแฟ	*kaa-fei*
eau potable	น้ำดื่ม	*nám dèum*
jus de canne à sucre	น้ำอ้อย	*nám ôy*
jus d'orange	น้ำส้ม	*náam sôm*
lait	นมจืด	*nám tyèut*
lait de soja	น้ำเต้าหู้	*nom tròo·a lĕu·ang*
thé	ชา	*náam chaa*

…utres

nouilles	เส้น	*sên*
œuf	ไข่	*kràì*
piment	พริก	*prík*
poivre	พริกไทย	*prík trai*
riz	ข้าว	*krâao*
salade	ผักสด	*pràk sòt*
sauce de soja	น้ำซีอิ๊ว	*nám sii-íou*
sauce de poisson	น้ำปลา	*nám plaa*
sel	เกลือ	*kleu·a*
soupe	น้ำซุป	*náam sóop*
sucre	น้ำตาล	*nám taan*
tofu	เต้าหู้	*tâo-hôo*

Appelez un médecin !

เรียกหมอหน่อย *rîi·ak mŏr nòy*

Appelez la police !

เรียกตำรวจ *rîi·ak tam·ròo·at*
หน่อย *nòy*

Je suis malade.

ผม/ดิฉัน *prŏm/dì-chăn*
ป่วย *pòo·ay* (m/f)

Je suis perdu(e).

ผม/ดิฉัน *prŏm/dì-chăn*
หลงทาง *lŏng traang* (m/f)

Où sont les toilettes ?

ห้องน้ำ *hôrng náam*
อยู่ที่ไหน *yòo trîi năi*

Achats

J'aimerais acheter…

อยากจะซื้อ… *yàak tyà séu…*

Combien ça coûte ?

เท่าไร *raa-kraa trâo rai*

C'est trop cher.

แพงไป *preing pai*

Pouvez-vous baisser le prix ?

ลดราคาได้ไหม *lót raa-kraa dâi măi*

Il y a une erreur dans l'addition.

บิลใบนี้ผิด *bin bai nii pìt ná*
นะครับ/ค่ะ *kráp/krâ* (m/f)

Urgences

Au secours ! ช่วยด้วย *chôo·ay dôo·ay*

Allez-vous-en ! ไปให้พ้น *pai hâi pón*

Heures, jours et nombres

Quelle heure est-il ?

กี่โมงแล้ว *kìi mong léi·ow*

matin	เช้า	*cháo*
après-midi	บ่าย	*bài*
soir	เย็น	*yen*
hier	เมื่อวาน	*mêu·a waan*
aujourd'hui	วันนี้	*wan nìi*
demain	พรุ่งนี้	*prôong nìi*
lundi	วันจันทร์	*wan tyan*
mardi	วันอังคาร	*wan ang-kraan*
mercredi	วันพุธ	*wan próot*
jeudi	วันพฤหัสฯ	*wan prá-réu-hàt*
vendredi	วันศุกร	*wan sóok*
samedi	วันเสาร์	*wan săo*
dimanche	วันอาทิตย์	*wan aa-trít*

1	หนึ่ง	*nèung*
2	สอง	*sŏrng*
3	สาม	*săam*
4	สี่	*sìi*
5	ห้า	*hâa*
6	หก	*hòk*
7	เจ็ด	*tyèt*
8	แปด	*pèit*
9	เก้า	*kâo*
10	สิบ	*sìp*
20	ยี่สิบ	*yîi-sìp*
21	ยี่สิบเอ็ด	*yîi-sìp-èt*
30	สามสิบ	*săam-sìp*
40	สี่สิบ	*sìi-sìp*
50	ห้าสิบ	*hâa-sìp*
60	หกสิบ	*hòk-sìp*
70	เจ็ดสิบ	*tyèt-sìp*
80	แปดสิบ	*pèit-sìp*
90	เก้าสิบ	*kâo-sìp*
100	หนึ่งร้อย	*nèung róy*
1000	หนึ่งพัน	*nèung pran*
1000 000	หนึ่งล้าน	*nèung láan*

Transports et orientation

Où est... ?

อยู่ที่ไหน *... yòo trîi năi*

Quelle est l'adresse ?

ที่อยู่คืออะไร *trîi yòo kreu à-rai*

Pouvez-vous me montrer (sur la carte) ?

ให้ดู (ในแผนที่) ได้ไหม *hâi dou (nai p... dâi măi*

Tournez à gauche/droite.

เลี้ยวซ้าย/ขวา *líi·ow sái/krwăa*

avion	เครื่องบิน	*krêu·ang bin*
bateau	เรือ	*reu·a*
bus	รถเมล์	*rót me*
moto	มอร์เตอร์ไซค์	*mor-treu-sai*
pousse-pousse	สามล้อ	*săam lór*
taxi	รถแท็กซี่	*rót tréik-sîi*
train	รถไฟ	*rót fai*
tuk-tuk	ตุ๊ก ๆ	*túk túk*
voiture	รถเก๋ง	*rót kĕng*

À quelle heure est le premier bus ?

รถเมล์คันแรก มาเมื่อไร *rót mair kan râak mah mêu·a rai*

Un billet (aller/aller-retour), s'il vous plaît.

ขอตั๋ว (เที่ยวเดียว/ไปกลับ). *krŏr tŏo·a (trîi·eiw di·eiw/pai klàp)*

À quelle heure arrive-t-il à... ?

ถึง... กี่โมง *trĕung... kìi mong*

S'arrête-t-il à... ?

รถจอดที่... ไหม *rót tyòrt trîi... măi*

J'aimerais descendre à...

ขอลงที่... *krŏr long trîi...*

Langue

Index

Voir aussi les index des rubriques :
Se restaurer p. 188
Prendre un verre p. 189
Sortir p. 190
Shopping p. 190

Référence des **sites**
Référence des **cartes**

Se restaurer

Référence des **sites**
Référence des **cartes**

Prendre un verre

Sortir

Shopping

En coulisses

Vos réactions ?

Vos commentaires nous sont très précieux pour améliorer nos guides. Notre équipe lit vos lettres avec la plus grande attention et prend en compte vos remarques pour les prochaines mises à jour. Pour nous faire part de vos réactions, consultez notre site Web : **www.lonelyplanet.fr**

Nous reprenons parfois des extraits de notre courrier pour les publier dans nos guides ou sites web. Si vous ne souhaitez pas que vos commentaires soient repris ou que votre nom apparaisse, merci de nous le préciser. Notre politique en matière de confidentialité est disponible sur notre site Internet.

Un mot de l'auteur

Un grand merci aux éditeurs Dora Ball et Clifton Wilkinson, ainsi qu'à toutes les personnes rencontrées à Bangkok.

Crédits photographiques

Photographie de couverture : *Tuk-tuk* dans le centre-ville de Bangkok, Evgeny Tchebotarev/500px ©

Photographies p. 26-27 (de gauche à droite) : Travelmania ; Kriang Kan ; Adumm 76/Shutterstock ©

À propos de cet ouvrage

Cette 4e édition française de *Bangkok en quelques jours* est une traduction-adaptation de la 6e édition de *Pocket Bangkok*, commandée par le bureau de Melbourne et mise à jour par Austin Bush.

Traduction
Jeanne Robert et Pauline Tardieu-Collinet

Direction éditoriale
Didier Férat

Coordination éditoriale
Cécile Couet

Responsable prépresse
Jean-Noël Doan

Maquette
Marie Dautet

Cartographie
Nicolas Chauveau

Couverture
Laure Wilmot

Merci à Nicolas P Combremont, Ruth Cosgrove, Laura Crawford, Bruce Evans, Blaze Hadzik, James Hardy, Liz Heynes, Simon Hoskins, Chris Lee Ack, Jean-Pierre Masclef, Anne Mason, Liam McGrellis, Harshvardhan Modak, Dan Moore, Darren O'Connell, Martine Power, Kirsten Rawlings, Kathryn Rowan, Wibowo Rusli, Dianne Schallmeiner, Ellie Simpson, John Taufa, Angela Tinson, Maureen Wheeler, Juan Winata

Notre auteur

Austin Bush

Austin Bush est arrivé en Thaïlande en 1999 avec une bourse pour étudier le thaï à l'université de Chiang Mai. La vie citadine, le travail et la cuisine épicée n'ont pas tardé à l'attirer à Bangkok, qu'il n'a plus quittée depuis. Aujourd'hui, Austin travaille comme auteur et photographe ; il a contribué à de nombreux livres, magazines et sites Internet, ainsi qu'à plus de 20 titres Lonely Planet, dont *Bangkok, The Food Book* et *Food Lover's Guide to the World (en anglais), Laos, Malaisie, Singapour et Brunei, Myanmar, Thaïlande, Îles et plages de Thaïlande, Vietnam, Cambodge, Laos et Thaïlande du Nord* et *The World's Best Street Food* (en anglais).

Bangkok en quelques jours
4e édition
Traduit et adapté de l'ouvrage *Pocket Bangkok, 6th edition, October 2018*

Dépôt légal Octobre 2018
ISBN 978-2-81617-135-8

Imprimé par L.E.G.O. Spa (Legatoria Editoriale Giovanni Olivotto), Italie

En Voyage Éditions | un département édi8